世界文化創意產業園研究

徐中孟、李季 著

前言

　　中國擁有五千多年的華夏文化，自古以來，均以文化大國而自居；但隨著時代的演變，優良而豐富的中華文化價值，並沒有得到有效的體現及發揮；特別是在文化創意產業方面的發展，更常有力不從心的感覺。可以這樣說，目前不管是兩岸四地那一個地區，在文化創意產業方面均是處於起步及摸索的階段，對於未來並沒有清晰的發展方向及路徑。

　　而「有土斯有財」一直是中國人的傳統觀念，文化創意產業園就是文化創意產業結合土地而構成，也是土地生財的其中之一種方法。雖然文化創意是具有精神性的特質，但土地同時也成為了一個載體，使文化創意產業擁有一個漂亮的舞臺，能夠發光發亮。而文化創意產業園區主要有兩種方式而形成，一種是自然形成，例如美國的百老匯、北京的 798 及廣東的大芬村；另一種則是規劃形成，例如迪士尼、西班牙的畢爾包及泰國的創意設計中心。前者的發展初期並非有意為之，無心插柳而成；後者則是經過特別規劃而成；但不管是前者或後者，當發展至一定階段時，均需要有效的經營管理，才能使園區持續發展邁向成功。

　　在筆者從事多年文化創意產業的經驗中，發現不少人是為了「搞文化」而投身至文化行業中，但卻很少人明白文化創意產業到底是什麼。所以就談不上什麼商業模式，更談不上如何能夠獲

利了。我們要明白，產業並不是慈善事業，產業是需要以盈利作為目的，是要帶來收入才能夠持續發展的體系；要充分認識這一點，文化創意產業發展才能走上一個健康的道路。

要想建立一個成功的文化創意產業園，第一是要先了解土地本身的特性，周邊的環境、市場情況及可利用的資源，才能作出針對性的規劃；第二是依照規劃藍圖而建設並作出對應的實質性調整；第三是也是最重要的是園區整體而有效的經營管理，這同時也是難度最高的；筆者所見，目前大部份的文化創意產業園區失敗的主因，亦在於此。一方面，目前欠缺既懂文化創意產業又懂經營管理的綜合性人才；另一方面，則由於文化創意產業具有抽象及軟性的特點，表現形式豐富多姿，所以很難標準化，規格化，很多「傳統產業」的成功邏輯和經驗，無法用上。所以號稱文化創意產業園區雖多，但成功的卻寥寥無幾。

《世界文化創意產業園研究》一書，是希望透過世界各地有關文化創意產業園區的經典案例，介紹各園區的歷史、規劃、現況、管理及發展，從而找出成功的基因，給予讀者參考及啟發。文化創意產業園區只要規劃及經營得當，可將會是廿一世紀最耀眼的「金雞母」！

徐中孟

2012/4/12

北京

目次

前言 ………………………………………………………… 003

美洲地區

百老匯 …………………………………………………… 008

迪士尼樂園 ……………………………………………… 032

好萊塢 …………………………………………………… 054

甘迺迪藝術中心 ………………………………………… 066

古根漢博物館 …………………………………………… 075

紐約SOHO區 …………………………………………… 084

紐約大都會博物館 ……………………………………… 093

紐約現代美術館 ………………………………………… 101

加拿大動畫產業園區 …………………………………… 112

歐洲地區

法國羅浮宮 ……………………………………………… 122

西班牙畢爾包文化之都 ………………………………… 135

西班牙加利西亞——全新動畫基地 …………………… 145

倫敦西區戲劇中心 ……………………………………… 151

亞太地區

泰國創意設計中心 ············· **162**

馬來西亞多媒體超級走廊 ············· **172**

澳洲QUT創意產業園 ············· **180**

印度寶萊塢 ············· **187**

東京秋葉原動漫街 ············· **194**

吉卜力美術館 ············· **205**

韓國Heyri藝術村 ············· **212**

韓國設計振興院 ············· **217**

中國地區

北京798 ············· **222**

大芬油畫村 ············· **236**

香港賽馬會創意藝術中心 ············· **250**

參考資料（一） ············· **259**

參考資料（二） ············· **268**

美洲地區

百老匯

　　百老匯（Broadway），原意為「寬闊的街」，指紐約市中以巴特裡公園為起點，由南向北縱貫曼哈頓島，全長 25 公里的一條長街。百老匯大街兩旁分佈著幾十家劇院，在百老匯大街 44 街

至 53 街的劇院稱為內百老匯，而百老匯大街 41 街和 56 街上的劇院則稱為外百老匯，內百老匯上演的是經典的、熱門的、商業化的劇碼，外百老匯演出的是一些實驗性的、還沒有名氣的、低成本的劇碼，但這種區分在近年來也越來越淡化，於是又出現了「外外百老匯」，其觀點當然也就更新穎更先鋒了。

百老匯是紐約曼哈頓區一條大街的名稱，其中段一直是美國商業性戲劇娛樂中心，因而百老匯這一辭彙已成為美國戲劇活動的同義語。世界上還沒有一條街道像百老匯大道（Broadway）那樣使人充滿幻想。而今百老匯大道是美國現代歌舞藝術、美國娛樂業的代名詞。每年，都有幾百萬的來自世界各地的遊客到紐約欣賞百老匯的歌舞劇。百老匯大道英文直譯為「寬街」。這條大道早在 1811 年紐約市進行城市規劃之前就已存在，其中心地帶是在第 42 街「時報廣場」附近，周圍雲集了幾十家劇院。

現在的百老匯是藝術的代名詞，是戲劇工作者心中的聖地。「百老匯」已經形成了自己的產業鏈條和產業園區。

一、百老匯的歷史和發展

美國以其優越地理位置自古就是一片安逸的樂土，自「南北戰爭」之後美國本土再也沒有受到戰爭的侵擾，第一次世界大戰之後美國成為了世界上最富有的國家，戲劇產業作為人們的精神食糧在這裡得到了很大程度的發展。

19 世紀 60 年代美國南北戰爭後，北部工業發達、交通便利、人口激增、經濟改善，大規模的文化建設高潮在東北部的城

市化地帶興起。從 19 世紀 80 年代開始，在紐約曼哈頓中城區百老匯大街上陸續出現了一批劇場和音樂廳。這些音樂廳就成了百老匯戲劇聚集區的雛形。

談到百老匯的歷史發展大致可以分為如下幾個階段。第一階段是 1860 年到第一次世界大戰之前，在這個階段「百老匯」經歷了建設發展階段。在這時「大都會音樂廳」（Metropolitan Concert Hall）後更名為「百老匯」；「卡西諾劇場」，（Casino Theater）；「大都會歌劇院」（Metropolitan Opera House）；「艾貝劇院」「美國人劇院（American Theater）」；奧林匹亞劇場（Olympia Theater）（後經轉手易名，於 1932 年被拆除）和「新阿姆斯特丹劇院」（New Amsterdam Theater）等等一批劇院相繼建成，到 1895 年，電燈照明引進到戲劇區，百老匯戲劇區內開始名副其實地夜如白晝。1904 年紐約地鐵通過戲劇區，在時報廣場下面建造了最大的地鐵交匯車站，帶來大批人流進入戲劇區，當年的地鐵乘坐量是 500 萬人次。同年，《紐約時報》遷移到此。那時人們主要靠看報紙暸解新聞時事，《紐約時報》把大型新聞牌豎立在時報廣場，吸引了大量的讀者。1905 年，汽車代替馬車進入戲劇區，原有的馬市消失，代之而起的是向北遷移了的汽車市場。科技的進步、產業的發展、交通的便利、人流的集中、現代大都市基礎設施的完善，為「戲劇區」的最後形成奠定了基礎。

第二個階段是兩次世界大戰期間，在這一階段「以美國式的歌舞演繹美國人的故事」的「百老匯音樂劇」也漸趨成熟。到 1928 年，戲劇區發展到了頂峰，在一個演出年度內有 71 家劇場推出了 257 台劇碼，其中有 50 台是音樂劇。那一年的觀眾達到

了 2000 萬人次，是現在的兩倍多。因為在戰爭時期的悲觀氣氛下不少人都在嚮往今朝有酒今朝醉的生活，所以推動了戲劇區更快的發展，在這個階段百老匯的戲劇起到了嚮導的作用。1929 年美國爆發了嚴重的經濟危機。股市崩潰使很多劇院和製作人倒閉破產，收入下降的人們也無力更多地看戲。同時，廣播電臺和收音機得到普及，電影已經有聲化，電影院因成本低而大量出現。百老匯的演職員為了謀求生存紛紛向好萊塢發展。經濟環境和文化環境的變化，大大衝擊了百老匯戲劇產業。許多劇場被轉賣或拆除，甚至改建為電影院或電臺播音室，有些乾脆改建成飯店或餐館。第二次世界大戰在歐洲和亞洲戰場的爆發，使美國成為安全的天堂，世界各地大量人才和資金湧入美國，紐約儼然成為全美國乃至世界級的娛樂中心、現代藝術的首都，而百老匯戲劇產業也再度開始繁榮。

第三個階段是從 20 世紀 40 年代後半到 20 世紀末，在這個階段百老匯是在不斷地變革與發展中穩步前行的，而戲劇產業園也逐步形成。40 年代後半期和 50 年代是歌舞昇平的時期，百老匯創作了大量輕鬆浪漫的作品，表達了人們對美好生活和美國夢的嚮往。同時，美國音樂劇憑藉美國國力的強盛和二戰後形成的世界格局，依託電影的宣傳介紹，開始大步走出國門，成為出口暢銷產品。60 年代以後，美國國內矛盾爆發，社會已經不是一片玫瑰色，人們的心理也開始沉重，反映在園區的戲劇創作上，出現了悲劇性的和暴力恐怖性的作品。彩色電視的普及加劇了衝擊，百老匯戲劇產業再次沉淪，上演的戲劇數量銳減，許多劇場被拆掉建為摩天大樓。紐約市的混亂和不安也反映到戲劇區內，

時報廣場周圍的色情業以及毒品、假貨等充斥 42 街等幾條主要的街道。20 世紀 80 年代起，紐約市政府下決心整治戲劇區內的經濟和社會環境，從而推動了戲劇區的健康發展和戲劇產業的振興。這期間，歐洲大型音樂劇被引進到百老匯產業園區，在美國人引以為自豪的劇場內紮下根，創造了百老匯戲劇史上最長的演出記錄和最高的票房價值，激發出美國人新的創造熱情。1995年，迪士尼娛樂公司花 5 億美元鉅資收購並整修了在 42 街上具有標誌性的「新阿姆斯特丹劇院」，成為百老匯戲劇產業園區發展的又一個里程碑。

目前百老匯處在第四階段。進入 21 世紀，紐約遭受「9‧11」恐怖襲擊後，百老匯觀眾中的國際遊客數量明顯減少，美國國內觀眾量也受到了一定程度的衝擊。但百老匯的產業能力未見減弱：在 2004 年的演出季中，百老匯創造了 20 年來最高的票房收入。當年新推出 39 台原創劇，創新能力也排在 20 年來的第二位。在 2008 年發生金融海嘯後，百老匯同樣面對了新的挑戰，為了轉危為機，所以亦進行了改革，例如更開放地引入其他國家的新劇碼，使百老匯能夠維持昔日的光輝。

二、百老匯的發展策略

縱觀「百老匯」的發展，我們不難發現，它的發展道路概括起來就是：發展中心不變，發展模式不變，發展的策略應時而變，百老匯的中心思想就是「戲劇商業化」，「戲劇完美化」，「一次投入多次產出」是百老匯的盈利模式。用專業人士的話來說，

百老匯是地產、劇院管理、經營結合為一的商業經營模式。而在不同的階段百老匯的發展策略確是不一樣的。

在百老匯發展初期，由於那時還沒有廣播電視，體育娛樂也還沒有興起，人們的主要娛樂形式就是舞臺演出，所以那個時候在百老匯裡擁有豐富多彩的各類戲劇，那裡不僅有為先致富的工業貴族提供的原汁原味的歐洲歌劇，更有為大量中下層民眾觀看的美國式的表演娛樂。所以可以稱之為百花齊放的經營模式。在這個階段百老匯的經發展略是「豐富各類人群的生活」。當時流行的通俗表演有「Vaudeville」，即歌舞雜耍小丑馬戲混合的節目；有時事諷刺的話劇；有「Minstrel」，即白人演員扮演黑人的美國式戲曲；有小型而幽默的歐洲喜歌劇等。相對於歷史悠久、形式完美、表演成熟的歐洲藝術，美國本土獨創的表演藝術還處在幼稚階段，粗糙甚至粗俗。但美國人需要表現美國精神和美國文化的藝術和娛樂。因此，一種以大眾熟悉的日常英語為核心，以輕鬆幽默、大方開朗為特徵，民間歌舞雜耍相結合、借鑒歐洲輕、喜歌劇和清唱劇的新型娛樂形式出現了，這就是後來名揚全球的百老匯歌舞劇，簡稱「音樂劇」。

一戰之後美國成為世界上最富有的國家，但是自 1929 年開始的經濟大蕭條還是對百老匯產生了影響。在經濟蕭條時期，人們往往要尋求一種壓力的釋放，願意在文藝作品中找尋脈脈溫情，以撫慰在現實生活中所經受的傷痛。這並不是這次金融危機才出現的特殊情況。在 20 世紀 30 年代經濟大蕭條時期，好萊塢歌舞片就成為了現實世界裡不如意的美國人尋求寄託的精神避難所，以其特有的方式提振信心。所以在這一階段百老匯的經發展

略就是為民眾提供精神的寄託。在戰爭期間為民眾提供一個歡快的氛圍。

經歷了戰時的蕭條經濟，百老匯的發展重點轉到了商業戲劇上。何為商業戲劇，簡言之就是將戲劇作為商品，發揮和挖掘它的最大的經濟利益，在那的藝術家和工作人員幾乎都是自由職業者，有戲的時候才簽合同組合起來，直到市場命令這個戲停演為止。雖然今天的百老匯已經不能代表美國戲劇的全部，在全國各地有許許多多的地區劇院，就是在紐約市，也有差不多同樣數量的非贏利性的外百老匯和外外百老匯劇場。但是商業戲劇還是以百老匯為最典型的代表，是百老匯的戰後的發展重點。

演出的長度是商業戲劇是否成功的關鍵。在這個無法轉型的勞動密集型行業中，只有儘量拉長重複銷售的時間，把勞動者盡可能變成可以不斷機械複製的產品，才有希望贏利。百老匯劇碼的前期投入相當大，組織創作、到全國甚至全世界遴選演員、排練修改、市場調查、廣告宣傳、試驗性預演都要化很多錢。商業戲劇對演出長度的苛求是絕大多數話劇所達不到的。話劇對觀眾的文化水準、欣賞習慣的要求比較高，因而很難適應各色人的口味；而音樂劇因為比較容易超越思想和語言的限制，劇情簡單而場面熱鬧，對旅遊者來說吸引力就特別大。和人工成本的提高幾乎同步，觀眾成分的變化也是在 20 世紀的最後二十幾年裡加速進行的。在 70 年代的中期，百老匯的製作人還沒怎麼意識到外來旅遊者這個特殊市場，而隨著航空業的發展，到 90 年代初，外地外國旅遊者買的票就已經占到了百老匯票房收入的一半。很多旅遊者在來到紐約以前早就打電話用信用卡買好了票，有的甚

至提前半年一年就訂好，因此劇組按時演出的信譽極其重要，決不能隨便改變。

以百老匯的經典劇碼《西貢小姐》為例，為了打出名氣，在百老匯站住腳，製作人一擲千金延請超級明星，在百老匯演出第一場之前就賣出了三千七百萬美元的票，後來美國演員工會因為主角的種族問題與製作人麥肯拓發生衝突，幾乎導致停演，驚動了紐約市長也出來調停，生怕造成紐約旅遊業的損失以及賣票不演的醜聞。

由於商業戲劇的成本投入和風險都有不確定性，所以在 90 年代後期商業戲劇漸漸產生了非盈利的劇院的一些公益節目或小成本戲劇。從此百老匯又進入了一個新的時期。

三、百老匯的現狀

百老匯經過 19、20 世紀一百多年的變遷和發展已經成為了一個產業園區，戲劇產業園區的主體是劇場。在當今百老匯戲劇產業區內，有 4 類不同的劇場：百老匯劇場、外百老匯劇場、外外百老匯劇場、其他類型的劇場如飯店內的「用餐劇場」（Dinner Theater）、廣播電視臺的演播室（著名的 MTV 演播室就在百老匯大街上）、酒吧歌舞廳、公司、教堂的內部禮堂等。按業內的劃分，只有座位數在 600 以上的正規劇場（Legitimate Theaters）才有資格列入「百老匯劇院（Broadway Theaters）」。座位數少於 600 多於 100 的被算作是「外百老匯劇院（Off-Broadway Theaters）」，座位數在 99 座以下的就是「外外百老匯劇院（Off-Off-Broadway

Theaters）」。「外百老匯」和「外外百老匯」的劇場在紐約很多，總數有 530 家之多，其中有相當一部分坐落在戲劇區內的百老匯大街附近（在著名的 42 街上就分佈著十多個，如 Peter Norton Space，All Stars Project，John Houseman Theater，Forbidden Broadway，Little Schubert 等）。

區分「百老匯」與「外百老匯」和「外外百老匯」的標誌，除了座位數量之外，主要看其經營性質是否為「營利性」。「百老匯」是清一色的「營利性」。「營利性」要照章納稅，「非營利性」就可以享受減免稅的待遇，還能申請到聯邦或地方的各種財政補貼。所以世界上大多數的劇場劇院都願意享有這種「非營利性」。然而百老匯的劇院則寧可放棄減免稅待遇而申報「營利性」，為的是真正把戲劇當成產業來辦。

百老匯的中堅是所謂的「百老匯劇場群」，這是由美國戲劇業行業組織「美國劇院和製作人聯盟（League Of American Theaters and Producers）」資格認定的座位數在 600 座以上的 39 家劇場組成的。這些劇院屬於不同的企業，舒伯特集團（Schubert Organizations）擁有 17 家劇場，是百老匯的龍頭老大；尼得蘭德集團（Nederlander Organizations）擁有 9 家劇院，朱詹馨戲劇集團（Jujamcyn Theaters）擁有 5 家。其餘的，旋轉木馬劇場集團（Roundabout Theater Co.）擁有 2 家，迪士尼集團、林肯中心、明晰頻道戲劇公司（Clear Channel）、曼哈頓戲劇俱樂部（Manhattan Theater Club）等各擁有一家。上述集團都是美國演藝界的大企業，本身兼有劇場管理、戲劇創作、製作、組織演出等業務的能力。但按美國實際運行模式，劇場管理與戲劇創作、製作、

演出是分開進行的，同一集團可以連成一條線，也可以分別與不同集團之間合作重組各項具體的劇碼業務。這裡遵循的是一種資源配置最佳化的原則。但是聯盟本身為非營利性組織，為全行業的企業提供各種必要的服務。業內人士認為，由於百老匯戲劇產品的成本較高，必須要有足夠的座位數才能夠收人大於支出。如果劇場小於 600 座，長期運營過程中難以維持營利性演出（個別專案除外）。所以才有百老匯，外百老匯之分。

四、百老匯的經營策略

1. 百老匯的經營現狀

當今百老匯產業園區的主要產品是音樂劇和話劇，再加上少量的綜藝歌舞節目。近年來每年上演新劇碼 30 至 40 台，保留有經濟效益的上年度舊劇碼 20 至 30 台，總計每年生產 50 至 70 台戲劇產品。園區的經濟收益主要來自 4 個方面：百老匯演出季的票房收入；百老匯巡迴演出項目的票房收入；百老匯配套服務系統的收入以及對周邊地區和城市旅遊業的拉動作用。

表 1　百老匯產業園區內劇場 2003—2004 年演出季收益表

	音樂劇	話劇	綜藝節目
新上演劇碼（台）	10	14	2
老戲翻新（台）	3	9	-
複排舊戲（台）	-	1	-
觀眾數（萬人）	1002	157	I
演出周（每週 8 場）	1089	355	7
毛收入（百萬美元）	683.6	86.9	0.45

　　通過表格不難發現，百老匯的收入沒有人們想像的那麼大。幾十家劇場的全年毛收入加在一起才7.7億美元，只相當於幾部電影大片的毛收入。電影是一次性創作拍攝，投入也是一次性的，但可以做到大量複製拷貝，全球數千家影院同時發行放映。戲劇卻做不到一次性。戲劇只能由演員一次又一次重複地在少數特定的舞臺上現場表演，產業性質與電影很不相同。從另一方面來看商業戲劇的風險性和商業戲劇地位的弱化效果明顯。但是，從經濟學的角度看，現場表演是一種藝術與體力相結合的勞務活動，它的規模化生產要靠多次重複提供勞務來實現，因此，戲劇是個非常辛苦的產業。

2. 百老匯的經營策略

　　百老匯現今的經營模式可以概括為「行銷手段多樣，戲劇保證品質，引入商業模式，制定完整規範。」

　　談到百老匯的行銷手段通常是因不同的劇碼而定，比如2009年1月到3月，《歌劇魅影》優等座位的票有半價折扣，因為這一時期是劇院的淡季。像《怪物史萊克》和《紅男綠女》等節目甚至在演出前夜都有折扣，這對耗資巨大的音樂劇來說，並不常見。銷售人員如今都在身上掛著看板到時代廣場去吸引觀光者購買打折的演出票，他們通常攜帶兩種不同折扣的傳單。例如，週二的打折票是49美元一張，而週末的往往是59或69美元。此外，百老匯對折扣票增收一美元的門票費等等這一舉措似乎對票房收入影響不小。

表 2　近 20 年來部分暢銷音樂劇劇碼舉例

戲劇名稱	演出日期	演出場次	收益：百萬美元
A Chorus Line	1975. 7 - 1990. 4	6137	
Oh! Calcutta !（複排）	1976. 9 - 1989. 8	5959	
42ndStreet	1980. 8 - 1989. 1.	3486	
Cats	1982. 10 - 2000. 9.	7485	
Les Miserable	1987. 3 - 2003. 5.	6680	
Phantom of the Opera	1988. 1 - 今	7149+	567
MiSS Saigon	1991. 4 - 2001. 1	4092	
Beauty and the Beast	1994. 4 - 今	4479+	346
Smokey Joe's Cafe	1995. 3 - 2000. 1	2036	
Chicago	1996. 11 - 今	3474+	239
Rent	1996. 4 - 今	3704+	199
Lion King	1997. 11 - 今	3104+	383
Cabar et（revival）	1998. 3 - 2004. 1	2377	
Aida	2000. 3 - 2004. 9.	1836	164
Mamma Mia	2001. 10 - 今	1434+	171
The Producers	2001. 4 - 今	1630+	212
Mo Ving OUT	2002. 10 - 今	1000+	81
Ha Spray	2002. 8 - 今	1080	124
Wicked	2003. 10 - 今	580+	84

3. 對經典劇碼的運作

　　針對經典劇碼、新節目、音樂劇、戲劇，年輕觀眾、老觀眾，百老匯都想出了幾套不同的辦法。百老匯會預計哪些人是觀眾，並策劃出讓他們掏錢的辦法。比如，他們發現喜歡《火腿騎

士》的往往是視頻游戲迷，所以就用遊戲光碟作為促銷捆綁物品。百老匯靠什麼來維持這 20 年的發展呢？很多方面的因素都在起作用：科技進步帶來宣傳方式和手段的更新，促銷能力的增長，舞美製作更漂亮精美等。除了美國的宏觀經濟狀況好轉以外，最主要的是在市場機制的條件下的節目創新能力，而節目創新的後面就是觀念方面的更新。百老匯戲劇產業界注意密切跟蹤觀眾的反映和票房的銷售情況。上演的節目必須要符合觀眾的需要，而觀眾的需要是隨著時間的變化而變化，隨著社會的變化而變化。

據百老匯商會資料，百老匯在 2008 至 2009 演出季共推出劇碼 43 個，這是自 1982 至 1983 演出季以來的最高數字。百老匯有多種的行銷手段，但是他們的宗旨是一定的：百老匯商會執行主任夏洛特 · 聖馬丁的聲明說，我們已經證明了：如果你的劇碼精彩，觀眾就會上門。研究演示，劇院可以提供逃避現實生活的管道，在困難時期尤其是這樣。

4. 商業劇的行銷策略

商業戲劇通常在進入百老匯演出之前六個月就開始銷售了，用於宣傳推廣的錢會占總投資的 20%。一些製作規模大的音樂劇還要提前對劇場進行重新改造和裝修，安裝舞臺機械設備，常常弄得這個劇場面目全非，只能上演自己這個戲，待到若干年後下一個戲再進來重新折騰一遍。商業戲劇回收投資的途徑主要有票房收入、出賣或出租演出版權、轉讓電影版權等幾大項，另外還有相關的旅遊紀念品，音像製品、場刊畫冊等。

百老匯的音樂劇都有一個共同特點:「音樂劇本質是商業性的文化產品,衡量一部音樂劇是否成功,主要看它是否盈利。眾所周知 2009 年美國經濟相對蕭條,但是百老匯仍然可以屹立不倒。只要稍微留意百老匯在這一演出季推出的劇碼,就能發現百老匯現在兜售的是「希望」。這一演出季最為叫座的劇碼是古典音樂劇《頭髮》和《西城故事》。《頭髮》裡面的大部分歌曲都充滿了希望的訊息。另一個典型的例子是迪士尼公司推出的歌舞劇《歡樂滿人間》。《歡樂滿人間》原是一部出現在 1934 年大蕭條時期的小說,講述了一個家庭努力克服生活困難的故事。選擇在經濟衰退的當口推出這一歌舞劇,可以說恰逢其時,因為它滿足了人們時下的心理需求,即對家庭和未來美好生活的希望。該劇的電視廣告提醒人們「家庭比金錢更重要」,宣傳單上也強調了「眼下的時期雖然很艱難,但也是一個念及情感的時刻」。觀眾目前尤其易於接受一些具有積極和安撫意義的節目。

所有文化產品都存在版權問題,百老匯之所以有今天的業績,他們在經營方面,百老匯很注重版權的保護百老匯的歌劇戲劇在全世界各地演出都有個共同的規定:禁止觀眾在現場錄音、錄影,連記者在演出開始後也不能開機拍攝。在正式演出時,一旦有人拍攝,劇場裡的監控系統就會自動搜索出偷拍者位置。這種措施有效地防止了盜版,不僅保證了演出的品質,更刺激了票房。觀眾要看到全劇,就得買票到劇場去看。這在很大程度上增加了百老匯的收入。

最後無論是戲劇還是歌劇,所面對的主體都是觀眾,怎樣把觀眾留在劇院才是關鍵。百老匯吸引觀眾的項目也是豐富多彩

的，譬如：向遊客開放百老匯劇院區 15 家風格迥異的劇院，其中兩家劇院的後臺也可以讓觀光的遊客自由出入。遊客可以看到部分節目的排演過程以及其他的幕後故事。每年舉辦免費音樂會。舉辦百老匯的孩童之夜。年齡在 6 至 18 歲的兒童和年輕人，均可以免費觀看在百老匯劇院區上映的任何劇碼。同時參與者可以體驗百老匯音樂劇在後臺的運作過程。此外，帶孩子的家長們還能夠享受一系列相應的優惠服務，包括就餐、泊車等。這項每年都會舉行的常規活動的目的在於引導更多年輕人進入劇院的奇妙世界，讓百老匯劇院區和百老匯音樂劇為更多的年輕一代所接受。

表 3　近 20 年紐約百老匯劇場演出情況一覽表

演出季	毛收入 （百萬美元）	觀眾量 （百萬人次）	演出周	新上演劇碼
1984 - 1985	209	7.34	1078	33
1985 - 1986	190	6.53	1041	34
1986 - 1987	208	7.07	1039	41
1987 - 1988	253	8.13	1113	30
1988 - 1989	262	8.06	1108	33
1989 - 1990	282	8.04	1070	39
1990 - 1991	267	7.32	967	30
1991 - 1992	293	7.38	905	38
1992 - 1993	328	7.86	1019	34
1993 - 1994	356	8.11	1066	38
1994 - 1995	406	9.04	1120	32
1995 - 1996	436	9.46	1146	37

1996 - 1997	499	10.57	1349	37
1997 - 1998	558	11.48	1442	33
1998 - 1999	588	11.67	1441	38
1999 - 2000	603	11.38	1460	37
2000 - 2001	666	11.89	1484	28
2001 - 2002	643	10.95	1434	37
2002 - 2003	721	11.42	1544	36
2003 - 2004	771	11.61	1451	39

從表中可以發現，自 1984 年到 2004 年的 20 年來，演出周的總趨勢在增加，觀眾人數的總趨勢在增加，票房收入的總趨勢也是不斷上揚。這充分印證了百老匯的改革成效。

五、百老匯的成功之道的探索

1. 百老匯對周邊經濟相輔相成

音樂劇和戲劇是帶動性很強的產業。目前有一個研究報告，希望證明音樂劇產業是曼哈頓的支柱產業。從研究中發現，音樂劇產業會帶動旅遊、飯店、購物、交通等行業，中產階級是音樂劇消費的主力，曼哈頓地區 60% 的遊客與到百老匯看戲有關。我們可以從下列數字中解讀美國文化產業的巨大能量：美國文化產業產值占國內 GDP 總量的 18％到 25％，文化產業的發展不但刺激了國內消費，還是美國出口的主要支柱產業。

表 4

年分	演出	票房
1991 - 1992	7159 場	740 萬
2006 - 2007	11923 場	1230 萬

1991 至 1992，百老匯有 7159 場演出，獲得 740 萬美元票房，時隔 15 年，2006 年至 2007 年的演出達到 11923 場，票房收入達 1230 萬美元。令人意外的是，83.5% 的百老匯門票都是由非紐約的遊客購買的，這些專門沖著戲劇演出而來的遊客，僅在 2006 年就為紐約市帶來 4.15 億美元的消費額。雖然處在經濟危機中，但 2008 年的票房收入幾乎未受影響。跟 2007 年一樣，百老匯的劇院產業依舊為紐約市帶來 51 億美元的收入。可以看出百老匯所帶動的周邊產業的收入要遠遠高於戲劇本身。

但是無論是紐約市政府，還是產業界人士，或是普通民眾，都一致認為，百老匯戲劇是紐約市最主要的吸引力。百老匯戲劇產業對紐約市的經濟拉動作用可體現在 4 個方面：

第一、劇場的建築設計、建造、保養及維修。這是城市建築業及建材業的一部分，還包括物業管理。如上所述，紐約市有數百家劇場，百老匯戲劇產業園區內就有上百家各類劇場，這些劇場的生存與發展，都與百老匯戲劇的生存發展密切聯繫。第二、製作劇碼所需的材料及人工。如上所說，百老匯劇院本身每年要製作幾十台大戲，每台投資都在幾百萬美元以上。同時，百老匯戲劇的投資排練又帶動其他劇院投資製作新的戲劇。第三、觀眾需要的連帶消費，包括各種食宿及交通開支，紀念品購買等。

第四、營造紐約城市的文化氛圍所增加的城市魅力及對外來人士
包括經商、旅遊、國際活動等的吸引力。這第四項是一種無形資
產，體現的是一個大城市的綜合魅力和軟性實力，難以具體量
化。第一、二、三項可以做出一個大概的評估。

表 5　2002-2003 年演出季百老匯對紐約市經濟的貢獻

專案內容	經濟貢獻（百萬美元）
劇場基建投資	42 .0
劇碼製作費用	1662 .0
遊客連帶消費	2604 .8
總計	4309 .0

上表中的基建投資和劇碼製作，僅限於百老匯 39 家劇場的
合計，尚不包括園區內其他各類劇場及其製作的戲劇。百老匯產
業園區對紐約市經濟拉動的直接作用用貨幣計算可以達到 43 億
美元以上。

不僅如此，百老匯各劇場、劇組、公司等產業單位作為納稅
單位當年還向紐約市交納了 1.31 億美元的地方稅，其中包括公司
稅、銀行稅、市政公用設施稅、商業租賃稅、抵押錄音稅、地產
轉移稅、地產稅、飯店稅等。至於個人所得稅等聯邦稅收，則另
行交納。

百老匯對紐約市的貢獻還體現在它所提供的就業機會上。
2002 年至 2003 年演出季中，百老匯解決了 1 萬名全職工作職位，
其中包括建築工、演員、導演、編舞、製作人、經理人員、舞臺
技工、設計師、票務人員、引座員、宣傳員等。還雇傭了很多相

關的公司服務，如律師行、會計樓、燈光音響商店、服裝製作公司、出版印刷公司、網路公司、物業管理公司等。連同食宿交通部分粗略計算，百老匯支援的就業職位在 2.6 萬個至 4 萬個左右。

除直接經濟貢獻之外，百老匯對提升紐約市的城市文化形象，改善城市居住品質，表現美國民族文化等方面起著有形或無形的作用。這種社會效益的總和構成了紐約市作為國際文化大都市的地位，培育了紐約市在文化上的吸引力、凝聚力、創新力和輻射力。

百老匯利用了紐約的影響力，提升自己的形象，而紐約城利用了百老匯帶動了自身的經濟發展，也為百老匯的發展提供了肥沃的土壤，具體來說，紐約有充足的人口產生基本消費人群，發達的工業產生大量的中產階級和市民階層。這一經濟人口因素是基礎的基礎。其次，紐約的整體經濟狀況和安全環境良好，人們有心情來看戲，有能力來看戲，有膽量來看戲。最後文化氛圍寬容多元，鼓勵革新創造，允許成功與失敗，吸引世界各地人才向此聚集，這是紐約超越許多大城市的地方。紐約有世界上 5 大州 125 個以上的民族移民和文化展示，超過其他任何一個城市，這是雙贏的局面，也是百老匯得以成功的重要因素之一。

2. 經紀公司使百老匯更有影響

百老匯之所以有極快的發展，經紀公司功不可沒，他們主要是利用歐美演藝市場與亞洲演藝市場的差異。時僅數年，其主要業務市場遍及中國、中國香港、中國澳門、中國臺灣、印度、印

尼、日本、韓國、馬來西亞、菲律賓、新加坡、泰國、越南等國家和地區，百老匯亞洲娛樂公司董事局主席 Marc Routh 不無自豪地表示。

通過經紀公司的策劃和製作。百老匯走出美國，走向世界。經紀公司將某地區的演藝娛樂專案介紹到另一個地區去。成功運作帶來高的資本回報率。百老匯亞洲娛樂公司的成功運作，給投資人帶來 35% 的高回報率。在美國，融資的成功與否，主要在於回報率。高回報率為該公司形成了較為固定的融資客戶，新的社會融資專案也比較容易開展。不僅是美國企業，各地的企業也主動與他們合作，在他們演出音樂劇的同時，推出這些公司的品牌和產品。

3. 劇場集群效應

百老匯劇場不是孤立存在的，自身的 39 個劇場抱成一團，還有整個紐約市 200 多個外百老匯劇場和外外百老匯劇場以及其他演藝場所作為基礎，相互襯托、相互影響、相互激勵。所以紐約百老匯劇場密集分佈造成了一種獨特的群聚效應。群聚效應是快速發展的前提條件。雖然劇場地點過於集中，相互靠得很近，可能會產生對打擂臺的作用，相互爭奪觀眾資源，這種擔憂不無道理。但從另一方面看，密集的分佈創造出相互烘托、相互宣傳、相互刺激的氣氛，擴大觀眾的整體數量。這一道理，在很多企業方面也都是普遍適用的。戲劇的特點是集中在晚間上演，如果同樣數量的劇場過於分散，則產生不了濃厚的夜間劇場氣氛，對遊客也缺乏一個去向明確的宵夜之處。因此，密集的劇場分佈

形成一個劇場群落，對於培養戲劇觀眾和戲劇文化，是非常重要的。所以有此可見集聚效應是百老匯成功的因素之一。

4. 專業配置資源

　　良好的資源配置可以加快產業的運營效率，提高效率，減少浪費。百老匯從上游的創意、策劃、投資、劇場整修，到演出的組織、演員的培訓、票房的推銷、宣傳活動的組織、紀念品的銷售等，都是按照社會化規模生產進行細緻分工的。這樣各部門各行職組成戲劇產業鏈中的每一個環節，幾乎都有若干個同一類專業的公司承接這一項業務，而每一個公司又都可以與產業鏈中的上一鏈和下一鏈的其他公司簽訂短期或長期的協定，一般是每個劇碼就組成一條單獨的產品線。舉例來說，劇場的擁有者可以與不同的製作公司簽不同的劇碼；製作公司可以與不同的創作班子簽不同的創意版權；演員可以與不同的製作人簽不同的演出合同，等等。實際上，這裡存在的是一種交叉的自由組合結構，每一個產業元素都可以按不同的需要與其它的產業元素搭配以產生最佳的效益。

5. 完善的法律機制

　　迄今為止，百老匯的話劇和音樂劇的版權都得到了嚴格的保護，沒有出現類似電影電視劇那樣的盜版情況發生。這除了依靠百老匯嚴密的防範措施之外，完善的法律體系也是必不可少的，戲劇產業從業人員的權益，也在法律保護的範圍內。儘管每個人都是單獨簽約的，但各相關行業都有工會組織，負責與資方談

判。投資方的責任義務，自然也是在法律的框架內實行。投資方
必須履行合同的義務，必須交納應繳的稅賦，必須承擔決策失敗
的損失。但同時，他們也可以合法地享受決策正確和投資成功造
成劇碼暢銷所帶來的巨大收益，而不必像「非營利性」劇院那樣
不能對利潤進行個人分配。市場經濟的激勵作用在百老匯戲劇產
業園區內體現得淋漓盡致，市場經濟是法制經濟，在市場經濟下
運行的百老匯戲劇產業也是一切按照既定的法則，完全按一般市
場經濟的法則進行，優勝劣汰。劇碼的製作人是一個核心環節，
他要與演員、樂隊、編導的每一個人簽訂詳細的演出合同，還要
與工會、劇場、保險公司、宣傳公司、票房促銷公司等簽訂各
種契約。而他本人也是由投資方組成的董事會簽約任用的。一
台百老匯音樂劇所牽涉到的法律文書有一尺半高。在這裡，法
律服務是不可缺少的一環。可以這樣說完善的法律機制是百老
匯發展的保證。

6. 產業化運作

商業戲劇是百老匯的代表，之所以商業戲劇可以在商業製作
模式的性質和目的十分明確，那就是通過經營戲劇演出而賺取商
業利潤，所以百老匯商業戲劇創作演出的投融資方式與美國其他
戲劇團體有較大的不同。一般商業戲劇團體的資金來源是投資，
而票房收入的比例較小。商業戲劇無權向政府申請資助，也無權
在民間向私人公司、基金會及個人尋求捐贈，不僅如此，政府還
要從中徵收商業稅作為國家資產積累，並在扶持非營利性文化
事業時進行二次分配，而這一點正是「商業戲劇」與「非贏利戲

劇」的關鍵性區別。不過百老匯經過一百多年的發展，已經形成了高度成熟、高度集中的市場，完全靠大投入、大規模、高品質的精美製作，就能吸引百老匯大道上熙熙攘攘的旅遊者為昂貴的票價慷慨解囊。來紐約必到百老匯，到百老匯就要進劇場看戲，這已經成了一種旅遊概念，難怪在美國戲劇界人士的眼裡，百老匯戲劇更多的不是藝術而是「旅遊商品」。在百老匯成功的商業運作下，戲劇是一種商品，戲劇不是單純的戲劇而是一種產業。百老匯的商業運作是產業的不斷延伸，不僅是商業戲劇的收益面更廣，還帶動了周邊經濟，與紐約都市相輔相成，這是百老匯成功的又一法寶。

六、百老匯給我們的啟示

百老匯作為一個產業園區，具有鮮明的特點，它的優勢簡單概括就是專業化和多元化。首先，百老匯投資主體多元化。一般文化戲劇團體的資金來源是社會贊助、個人捐助、政府撥款、票房收等，其中贊助性的資金款項較大。但是需要注意的是，百老匯之所以有如此巨大的商業贊助，這主要依賴於百老匯完善的商業運營體制，這才是中國產業園所要學習的。

其次，百老匯的經營形式靈活多樣。擁有盈利性戲劇和非營利性兩個門類，這就相當於積累和更多的客戶群體，為產業園帶來了更多的人氣。多元化發展是中國產業園必須要學習的。

再次、百老匯是依託城市建設的典範。建立產業園區要依託城市區域資源，統一規劃，發揮輻射效應，帶動一系列相關產

業群的發展。同所在地區經濟發展緊密結合。百老匯與紐約城緊密結合，相輔相成。園區建設一定要因地制宜，因時制宜，管理和經營也要符合產業和市場發展的規律，使其最大限度發揮它的作用，對區域經濟和總體經濟發展做出貢獻。園區不是獨立存在的，這是百老匯告訴中國產業園的真理。

還有就是園區要致力於提供專業化和多元化的服務。相關的配套設施要完善起來，還要提供政策、融資、法律和企業管理等仲介服務，降低創業企業的創業風險和創業成本，提高戲劇（企業）的成活率和成功率；為創業者提供良好的創業環境和條件。

最後一點園區的業務一定要加強，百老匯一直以注意戲劇品質著稱，哪怕以提高成本為代價，這就是後續發展的基礎。這也是值得中國產業園學習的。

總的來說，百老匯是成功產業園區的典範。它的成功在於，以商業戲劇為基礎，順勢而變，將戲劇做成產業，帶動了區域的經濟，讓人們走出了產業園獨立存在的誤區。這是百老匯的一大貢獻。

迪士尼樂園

上世紀 80 年代，迪士尼隨著中央視台每週末播出的《米老鼠和唐老鴨》與中國人第一次親密接觸以來，迪士尼公司逐步進入了中國市場。90 年代開始，印有迪士尼卡通人物的各類商品大規模進入了中國市場，直至 2005 年迪士尼樂園在香港建成。可以說在 80 後出生的這一代人是在迪士尼卡通人物的陪伴下成長起來的。迪士尼是怎樣成為世界動漫產業的巨頭？迪士尼樂園又緣何成為主題公園的典範？

一、迪士尼的歷史與發展

1. 迪士尼的誕生

迪士尼公司的初創歷史可以歸納成一句話：一個經典的人物催生了一個偉大的公司。1923 年，迪士尼和他的兄弟湊了 3200 美元重新創業，成立了「迪士尼兄弟動畫製作公司」，這就是今天迪士尼娛樂帝國的真正開始。他推出的第一個卡通形象「米奇」也就是人們口中的「米老鼠」迅速走紅。1929 至 1932 年，有 100 多萬美國兒童加入了「米奇俱樂部」，在當年的經濟大蕭條中，給美國兒童帶來了無窮快樂。同樣迪士尼公司也有了繼

續發展的資金和人氣，而米老鼠這個經典的卡通形象也從此長盛不衰，2008 年度過了它 80 歲的生日，成為了迪士尼的標誌形象之一。

1937 年一部《白雪公主》使迪士尼公司獲得了又一位經典的卡通人物和大於投資十倍的回報。這次成功彰顯了運營者的才華，因為他力排眾議將《白雪公主》推向市場。同時也是運營者頭腦過熱同時開始製作 3 部新的動畫片，攤子鋪得太大了，資金周轉不靈了。二戰的爆發讓他又失去了海外市場的收入，導致公司一下子裁掉了 1500 名員工，還背上了 450 萬美元的債務，逃到了南美去躲債。直到 1942 年才憑藉《巴比》的熱播才使公司的財政危機暫時緩解了。

縱觀迪士尼初創時期的 20 年，它的發展經歷了初創的騰飛和衝動後的跌落，最終趨於平穩，這 20 年對迪士尼公司的影響在於它為迪士尼奠定了精益求精的發展基調。

2. 迪士尼主題公園的發展

經歷了初創時期的動盪，迪士尼進入了一個平穩的時期，直到 1955 年迪士尼樂園的落成，標誌著迪士尼進入了一個全新的階段。迪士尼主題公園也日漸成為了迪士尼公司業務的重要組成部分。時至今日迪士尼樂園已經成為了主題公園的典範和標杆。

位於美國加州的洛杉磯迪士尼樂園，是全球首個迪士尼樂園，1955 年 7 月 17 日開業。完工時，這座超級樂園耗資 1700 萬美元，每天需要 2500 名工人維護，每年可吸引 500 萬名遊客。它地處阿納海姆（加利福尼亞州），是當時世界上構思最精巧的

遊樂公園。園內共有四個區域：冒險世界、西部邊疆、童話世界和未來世界。大人和孩子同樣喜愛這個樂園，它每年吸引幾百萬遊客來到這裡。

迪士尼樂園	開園時間	特色
洛杉磯迪士尼樂園	1955 年	第一座迪士尼樂園，是當時世界上構思最精巧的遊樂公園。
奧蘭多迪士尼世界	1971 年	把嚴肅的教育內容寓於娛樂形式之中，豐富而有趣。
東京迪士尼樂園	1983 年	迪士尼唯一的水上樂園
巴黎迪士尼樂園	1992 年	巴黎迪士尼樂園是全歐洲遊客最多的付費遊樂場
香港迪士尼樂園	2005 年	最小的迪士尼樂園
上海迪士尼樂園	2014 年（預計）	拭目以待

　　1964 年人們開始籌建一座更大規模的遊樂公園，這就是奧蘭多「迪士尼世界」。經過 5 年營造，迪士尼世界終於 1971 年 10 月向公眾開放。它的耗資為 7.66 億美元，位於佛羅里達州的奧蘭多郊外，是一座老少咸宜的遊樂中心。奧蘭多迪士尼世界由 7 個風格迥異的主題公園、6 個高爾夫俱樂部和 6 個主題酒店組成。像迪士尼樂園震驚西部人一樣，迪士尼世界轟動了東海岸的人們。

　　1983 年日本建成了被譽為亞洲第一遊樂園的東京迪士尼樂園是目前世界上最大的迪士尼樂園。它的主題樂園面積為 80 公頃。比美國本土的兩個迪士尼樂園還要大。東京迪士尼樂園是迪士尼歡樂王國第一個位於美國以外的據點，園中有獨家商品 2 萬件，

每天都有精彩表演與巡遊，適合全家人一起玩，也是約會的好地點。迪尼斯海上樂園是東京迪士尼樂園的姊妹園，也是世界上僅有的以海為主題的迪士尼樂園，共耗資 3380 億日元，費時 3 年興建。

　　1992 年初，位於巴黎市郊馬恩河谷鎮的迪士尼樂園開張。這是迪士尼公司耗資 440 億美元興建的，最初它有 6 家賓館、5200 個房間，比肯勒斯市所有的房間還要多。巴黎迪士尼樂園是全歐洲遊客最多的付費遊樂場，2000 年總共吸引了 1200 萬遊客。不過由於歐洲人抵制美國文化，再加上巴黎迪士尼蓋了超乎所需的旅館，樂園的面積也過大，該迪士尼樂園並沒有賺大錢。

　　香港迪士尼在 2005 年 9 月 12 日如期建成並開園。經過 3 年多的運作，香港迪士尼 2008 年 1 月 11 日宣佈，從開園至今已累計接待遊客 1500 萬人次。香港迪士尼樂園度假區是一個由主題公園、主題酒店及水上活動中心構成的度假區，由香港國際主題公園有限公司建設、管理及營運，並由華特迪士尼公司設計。現時度假區第一期包括：一座主題公園、兩座主題酒店、及水上活動中心等零售、餐飲及娛樂設施。度假區第一期並有預留位置擴建樂園及興建第 3 座迪士尼主題酒店。另外，度假區旁邊有預留位置興建度假區第二期，而度假區第二期將包括：一座主題樂園及兩座主題酒店。

目前在建的還有上海的迪士尼樂園，上海迪士尼樂園這中國第二個、亞洲第三個，世界第六個迪士尼主題公園，迪士尼樂園向來是全球建造成本最高的主題樂園之一。預計 2014 年建成。

3. 迪士尼電影產業的發展

迪士尼的電影產業是從「米老鼠」這個經典的卡通形象開始的。迪士尼在相當長的一段時間內，堅持每年出品一部動畫片，而且每部都堪稱經典。這些電影為迪士尼贏得了良好的票房收益。迪士尼公司在這個產業裡屬於龍頭老大，擁有若干子公司和一批著名品牌，下屬的電影製片廠和各種影視機構是美國四大電視網的主要節目供應商，每年共生產 50 多部故事片，還創作大批含有角色形象的電視節目。在電影經營方面，迪士尼公司探索出新的經營策略：以 7 年為週期重放迪士尼經典動畫。新策略為公司帶來巨額收入，如《白雪公主》的每次重放都帶來幾百萬美元的收入，同時也深化了迪士尼動畫人物在人們心目中的印象。更重要的是，這些影片讓迪士尼的各種動畫形象深入人心，也讓迪士尼的品牌走入千家萬戶，為其他業務的擴展打下了堅實的基礎。

除自己創作的作品外，公司還購買其他廠商的影視片向影院、電視臺和家庭錄影帶市場銷售。集團名下的各個發行、錄影、國際公司代理迪士尼擁有或授予使用權的電影、電視、音像節目在美國和世界各國發行的業務。

二、迪士尼的現狀

1. 迪士尼的現狀

　　現在迪士尼已經成為全球最大的跨國媒體集團之一,在全美企業 500 強中排名第 67 位,是僅次於美國線上——時代華納公司的全球第二大媒體巨頭,擁有 12 萬雇員;2000 年收入 234 億美元。擁有頗具實力的各類媒體:其有線電視頻道在八個國家播出;擁有五家雜誌出版集團和四家報紙;製作了《獅子王》和《美女與野獸》等動畫片,風靡世界;擁有美國主要的廣播公司美國廣播公司(ABC),該公司有十座電視臺,29 座廣播電臺;有包括洛杉磯和巴黎的迪士尼樂園、佛羅里達迪士尼世界、米高梅影片公司(MGM)、迪士尼動物王國、世界體育綜合樂園、26 座飯店、兩艘航遊艇,以及迪士尼學院;擁有沃爾特迪士尼電影製片公司以及試金石(Touchstone)等公司。

　　現在的迪士尼公司電影製作是迪士尼公司的核心業務,電視是迪士尼公司的重要衍生業務。電視業務建立在迪士尼電影業務的基礎上。與電影業務相比,電視節目製作雖然不是迪士尼公司傳統強項,但它畢竟為公司帶來了收入,而且是迪士尼公司宣傳的重要途徑,因此,電視業務在公司內部具有較高的戰略地位。主題公園是迪士尼公司二戰後重點開發的新業務。艾斯納執掌迪士尼期間,通過提價、強大的廣告攻勢、更新遊樂專案等措施讓主題公園業務得到了迅速發展。目前,主題公園已經成為迪士尼

重要的收入來源。現在隨著迪士尼公司產品，尤其是動畫人物的知名而發展起來的業務，迪士尼商品已經非常豐富，給公司帶來豐厚利潤。與以前的操作相似，迪士尼公司只是出售動畫人物的肖像權，不直接參與相關商品的生產。

比實體更重要的是現在的迪士尼代表一種精神，這是一種快樂的精神。目前的美國人全部都是和迪士尼的卡通人物一起長大的，迪士尼已經完全是美國人生活的一部分，更是美國文化的一部分。它的生命力首先體現在自由的暢想、驚險的刺激、溫馨的互動和活潑的形象。這就是為什麼迪士尼樂園裡擠滿了快樂的孩子，迪士尼的電影觀眾年齡跨度如此之大。因為所有人都渴望快樂，不管是老人還是孩子，而迪士尼就在傳播這種快樂。

當今的迪士尼還是一種商業文化，這是和它溫馨的外表完全相反的東西，在迪士尼和好萊塢，藝術品被看作是一種產品，而不是一種「作品」。很少有人能像迪士尼、好萊塢一樣，把藝術本身的商業價值發揮到極致。

2. 主題公園的現狀

目前全球範圍正在運營中的迪士尼樂園對當地經濟拉動明顯。資料顯示，美國洛杉磯迪士尼每天遊客約 4 萬人，最多時可達 8 萬人。近 40 多年來，樂園已接待遊客達 10 多億人次。美國奧蘭多迪士尼於 1971 年向公眾開放，現每年接待 3000 萬遊客，城市的 100 多萬人口中，有 80% 的人口直接或間接為迪士尼服務。東京迪士尼從 1983 年春天開始營業以來，平均年接待遊客 1900 萬人次。巴黎迪士尼每年能吸引到 1000 萬以上的遊客。在

香港，港府希望借助迪士尼樂園提供 18400 個工作崗位，並在之後 20 年內增至 35800 個，預計迪士尼帶來的經濟效益將達到 190 億美元，占國民生產總值 6 個百分點。因為去迪士尼樂園，買迪士尼卡通，已經成為美國人的生活習慣。這就是企業的文化。

具體來說現在世界上正在運營的迪士尼樂園中，給洛杉磯和奧蘭多都帶來了深刻的變化，極大地促進了當地旅遊業和經濟的發展。今天許多遊客到洛杉磯，就是沖著迪士尼樂園去的。洛杉磯市民形容說，因為有了迪士尼樂園，洛杉磯更加充滿活力，人們的生活更加精彩。

2007 年東京迪士尼樂園的遊客人數達到了 2500 多萬人次。來日本旅遊，迪士尼樂園已經成為了和富士山一樣必去的景點。2001 年迪士尼海洋樂園建成後，更是帶動了整個浦安市的發展，讓浦安市一舉成為日本最負盛名的旅遊勝地。園區裡的酒店儘管標準間收費高達 2.8 萬至 4.8 萬日元，一點也不低於東京市中心的一流賓館，但經常是客滿為患，一房難求，人氣之高可見一斑。據估算，現在東京迪士尼樂園僅每年的門票收入就有上萬億日元，加之園內的餐飲和購物，其總收入非常驚人。

迪士尼的管理理念在歐洲也有些水土不服，不少員工都抱怨公司的規章制度太過嚴苛：高跟鞋的高度、指甲的長度、耳環的選擇，都必須符合公司的要求；此外，鬍鬚和超短裙在遊樂園中也被嚴格禁止等等，這使迪士尼樂園在法國的收益並不很理想。為了實現盈利，迪士尼公司可謂想盡了辦法，他們通過增加開放天數，降低管理費用以及提高效率等經營方式，使遊客數量持續增加，酒店入住率明顯提高，遊客人均消費也不斷增長。終於，在經過

多年的虧損之後，歐洲迪士尼樂園 2007 至 2008 財年的營業額達到 13.3 億歐元，比上一財年增長 9%，首次實現了收支基本平衡。

三、迪士尼電影產業的經營理念

迪士尼擁有影視、主題公園、商品銷售等多項業務，並且在各項領域都取得了成功，這從很大程度上歸功於迪士尼獨特的經營模式。迪士尼的經營理念就是創新，更重要的是迪士尼將創新成為了一種模式。

對迪士尼來說，它的產業分成幾塊，動畫與電影製作、主題遊樂園、酒店以及授權其他公司製作各種產品，而運營的主軸是藉由精彩的動畫片向全球行銷，爭取票房與音像製品市場再藉由動畫中的人物造型，做成各種產品、遊戲、主題樂園、玩具，甚至是巡迴演出的劇團，因此陸續創作新的故事與造型就為成很重要的部分。

從迪士尼選取故事的角度上說，它總是選取全球性的故事，每個地區與民族都有，一來可以爭取全球性客戶的認可，二來與迪士尼一向強調的小小世界，全球一家是一致的，例如北歐的魚美人、中東的阿拉丁神燈、非洲的獅子王、中國的花木蘭、美洲的風中奇緣、埃及與以色列的摩西，這些主題容易尋找，不用支付故事原創者版稅，取材基本上在一定時間內不會枯竭，就創新的觀點而言是極為聰明的模式。而在異域的素材上融入自己的特色這不僅是一種創新還是文化的推廣，將自己的文化與異域的文化相融合也是美國的文化特點。

　　至於編劇方面的特色，一定有好人與壞人，而壞人在壞中要帶點幽默感，好人一定要歷經磨難，而且是三至四回，經歷幾回磨難後終於取得最後的成功。而迪士尼在此處的創新體現在其每一部電影都會體現出一種基調或者一個主題，比如調人性光明面與積極面，在挫折中要奮勇，在患難中要忍耐，強調朋友間的友誼，以及最終得到廣大群體的認可等。在劇情的設計過程中，要有丑角搭配，而愛情故事也是不可少的部分在音樂方面的模式則是男女生獨唱各兩位，男女主角與男女配角，加上完善的和聲以及管弦樂團的恢弘演奏，組合成精彩的作品。

　　迪士尼是休閒產業也是文化產業，而文化產業將成為知識經濟時代的產業主流之一。創新是企業生命力的根源，是競爭力之本，要持續創新似乎不太容易，特別是持續取得商業上的成功，但迪士尼卻「化神奇為腐朽」，讓創新變成一種模式，別人偶爾才能創造出來的神奇作品，在迪士尼卻成為例行性生產作業流程的環節，並且形成自己獨特的核心競爭力，值得我們學習與借鑒。

四、迪士尼樂園的經營理念

　　歡樂＝財富是迪士尼樂園最根本的經營理念，因為迪士尼樂園不僅是所有孩子最嚮往的地方，也是許多成年人夢想之地，而且70％的遊客會故地重遊。所以經營者力求使迪士尼樂園成了一個充滿人性溫情的娛樂、休閒場所。通過主題公園的形式，迪士尼致力提供高品質、高標準的娛樂服務。使迪士尼成為歡樂的的海洋。

1. 品牌理念

　　目前的迪士尼的品牌是一塊「金字招牌」，品牌背後的價值不可估量，這與迪士尼的品牌戰略是分不開的。同樣，迪士尼樂園通過實施品牌經營策略獲得了巨大的收益。首先，品牌經營為迪士尼贏得了全世界範圍內的忠誠顧客，形成了差異化競爭優勢。迪士尼樂園這一品牌在人們心目中就是歡樂的代名詞，它樹立了良好的企業與產品形象，增強了消費者對迪士尼樂園的認知度，並在世界範圍內形成了良好口碑，從而為其帶來了廣泛客源的聚集效應。迪士尼堅持：歡樂＝財富這一等式，力求為顧客帶來歡樂，這也是迪士尼樂園品牌的內涵。其次，品牌經營是迪士尼樂園加速擴張的重要有效手段之一，它可以擺脫地域限制，以品牌拓展企業發展空間、擴張市場規模，從而促進公司走上快速擴張、規模經營的道路。其主要形式是特許經營，迪士尼總公司通過管理模式、經營理念、商標品牌等無形資產的轉讓和特許使用這一方式迅速實現集團擴張，它成功地建設、運營了東京迪士尼樂園和巴黎迪士尼樂園。而香港迪士尼更是成功的典範，香港迪士尼樂園前期總投資 141 億港元，其中特區政府注資 57 億，借款 61 億，還要投資 136 億元進行基建工程，特區政府卻只擁有 57% 的股份；而迪士尼只負擔 23 億商業借款，卻擁有 43% 的股份，且管理權和專營權屬美國迪士尼公司。這其中就是品牌效應起到的作用。

　　最後，迪士尼樂園借用其品牌在顧客心目中的形象、聲譽，將迪士尼品牌運用於主題產品，消費者出於對迪士尼品牌的信任

與偏好會將這種品牌忠誠延伸到新的產品中去，增加了新產品取得市場成功的機會，從而促進了公司迅速形成產品多元化或產業多元化經營格局。這就是迪士尼品牌經營促進了產業鏈延伸，形成多元化經營優勢。

2. 服務理念

迪士尼樂園的服務品質是有口皆碑的，其內涵可以理解為：首先保證客人舒適安全；其次保證職員彬彬有禮；再次是保證演出充滿神奇；最後是在滿足以上三項準則的前提下保證工作具有高效率。簡單的說迪士尼的服務可稱之為「SCSE」經營理念，即安全（safe）、禮貌（civility）、表演（show）、效率（efficiency）。

具體來說，所謂「安全」是指遊客可以放心地使用遊樂設施、購買商品、享用美食，諸如此類；讓遊客安心地享受在迪士尼裡的每一秒美好時光。這是提供服務首先應該考慮的要素。對普通企業而言，就是在提供服務時首先考慮商品的安全性。「禮貌」是指待人處事的態度。服務是人對人所做的行為，因此就存在著一些必須遵守的禮儀。對普通企業而言，商品最終都要傳送給顧客，所以一點也不能馬虎。「表演」是指娛樂界所說的「表演必須繼續」。在每天的節目表演中，演員們都要帶著第一次演出的心情，舞臺建築上也絕不允許有油漆脫落或是燈光不亮的情況發生。對普通企業而言，就是要避免出現劣質產品。最後，「效率」是指讓盡可能多的遊客享用到樂園的娛樂設施。遊客是專程前來遊樂園遊玩的，如果他們沒能來得及參與幾個遊樂專案就要離開的話，主題公園也就失去了存在的意義。對普通企業而

言，「效率」一詞要求的是生產效率的提高、價格策略的合理制定與客源的盡力爭取。

這一點東京迪士尼樂園做得最好。他們的做法是重視員工培養，努力引客回頭。因為開酒店或經營樂園，並不是希望客人只來一次。因此，東京迪士尼要讓老客戶回頭，就得在這個問題上動腦筋。到東京迪士尼去遊玩，人們不大可能碰到迪士尼的經理，門口賣票和剪票的也許只會碰到一次，碰到最多的還是掃地的清潔工。所以東京迪士尼對清潔員工非常重視，將更多的訓練和教育大多集中在他們的身上。東京迪士尼掃地的有些員工，他們是暑假工作的學生，雖然他們只掃兩個月時間，但是培訓他們掃地要花 3 天時間。另外他們還要員工學照相，學包尿布等等，這些都是小事，但是這些小事可以使顧客得到更好的服務。另外還要學辨識方向，因為迪士尼樂園的面積是非常大的，顧客在園區裡找路是非常耽誤時間的。所以每一名員工要把整個迪士尼的地圖都熟記在腦子裡，對迪士尼的每一個方向和位置都要非常地明確。在對員工訓練 3 天后，園區會發給員工 3 把掃把，開始掃地。如果在迪士尼裡面，碰到這種員工，人們會覺得很舒服，下次會再來迪士尼，也就是所謂的引客回頭，這就是所謂的員工面對顧客。

迪士尼樂園懂得娛樂業經營興旺的奧秘所在：不能讓遊客失望，哪怕只有一次。迪士尼樂園將自己的企業價值定位為：表演公司，即通過主題公園的娛樂形式為遊客提供最高滿意度的娛樂和消遣，給遊客以歡樂。角色扮演則成為迪士尼樂園營造歡樂氛圍的重要手段。在迪士尼樂園中，員工得到的不僅是一項工作，

而且是一種角色，是為顧客帶來歡樂的角色。因為迪士尼認為，服務品質應是可觸摸、可感受和可體驗的，並且遊客掌握著服務品質優劣的最終評價權。公司指出，遊客們根據事先的期望值和服務後的體驗，加以比較評價，然後確定服務品質之優劣。因而，迪士尼教育員工，一線員工所提供的服務水準，必須努力超過遊客的期望值，從而使「迪士尼樂園」真正成為創造奇蹟和夢幻的樂園。迪士尼的服務有一句話說就是一切細節的服務都被迪士尼做到了完美。

3. 創新理念

創新是企業的生存之道，迪士尼樂園也是這樣做的，迪士尼公司每推出一部新的卡通片就會在主題公園中增加一個新的人物；樂園實行不斷增加新的遊樂場所、設施及服務方式的經營策略來吸引回頭客。不過這也從一個側面體現了迪士尼公司和迪士尼樂園，相輔相成的關係，迪士尼的影視帶動了樂園的創新，但是當一個新的卡通人物誕生後它需要主題樂園這個平臺來展示給顧客，這就是迪士尼主題樂園的創新。

五、迪士尼的商業運作

迪士尼之所以長盛不衰在於它的卡通和影視具有連續性而不僅是一顆流星，這有賴於迪士尼成功的商業運作。動畫片畫家創作出「米老鼠」卡通形象後，在動畫片上放映的同時，各種圖書、音像製品同步推出，具有可愛的米老鼠標識的產品開發一路

延伸到主題公司、傢俱、日用品、儀器、服裝、玩具、紀念品上，一路暢銷，其知識產權等無形資產的深度開發和利用也不斷地為迪士尼帶來滾滾財源。迪士尼公司由卡通形象標貼的特許經營發展到依卡通形象製造玩偶的特許經營，並以「迪士尼專賣店」向市場直接推出與迪士尼有關的產品。此外，他們還通過網上銷售，24 小時服務。現在，迪士尼品牌的產品種類已達 2400種，並且每年都有新發展。比如，過去迪士尼的品牌產品主要是孩子的玩具、臥具、文具、服裝和兒童出版物，現在不僅以迪士尼卡通片故事情節和人物、動物為背景，發展了各種迪士尼電子玩具、電腦軟體，還以迪士尼的品牌與廠商合作，發展了手機等各種高科技產品。廠商用迪士尼牌子生產手機，每銷售一個都要付一定的費用給迪士尼。現在迪士尼已經從經營日用品發展到兒童食品和飲料。迪士尼還正與可口可樂公司合作，以迪士尼品牌生產一種專門供孩子喝的、純果汁的健康飲料，還與其他一些公司合作，開發了迪士尼牌兒童健康早餐。這使得迪士尼融入了人們的日常生活中，有利於迪士尼的發展。

六、迪士尼樂園的成功之道

其實上文中提到的「品牌理念」、「服務理念」、「創新理念」都可以算作迪士尼的成功之道，作為迪士尼樂園這個分支來說他還擁有特殊的地方。從迪士尼公司的運作模式來看，雖然電影才是公司的主要業務但是主題公園和遊樂場也占其營收比重為 29%左右，並也保持持續增加的勢頭。更重要的是主題公園在迪士尼

公司的業務鏈條中處在承上啟下的重要環節，因為主題公園是宣傳迪士尼電影的重要平臺，但是主題公園的核心是它所表現的主題，主題的強勢與否直接關係到主題樂園的發展，所以迪士尼樂園在迪士尼公司的業務中處在一個特殊的位置上。公司通過各種國內的、國際的廣告與促銷活動對整個迪士尼世界的各種娛樂項目進行市場行銷，以吸引來自各地的遊客。每個主題樂園還通過長期協定形式與迪士尼的其他各公司建立起業務關係。

第一，迪士尼樂園的一個著名的口號是「永遠建不完的迪士尼」。這就與迪士尼公司的創新宗旨相符合，所以迪士尼樂園多年長期堅持採用「三三制」，即每年都要淘汰 1/3 的硬體設備，新建 1/3 的新概念項目，每年補充更新娛樂內容和設施，不斷給遊客新鮮感。這也體現了服務業的宗旨：顧客是上帝。滿足顧客需要是迪士尼樂園創新產品的原動力。為了找到發展的關鍵點就要及時把握顧客的需求和滿意度，為此公司內部專門設置了調查統計部、信訪部、資訊中心，他們每年要開展數百項市場調查和諮詢專案來分析遊客需求動態變化，並把研究成果提供給其他各職能部門。公司同樣根據對相關資訊的分析來把握遊客需求的動態變化，從而針對性地創新產品、更新設施設備。

第二，迪士尼樂園懂得娛樂業經營興旺的奧秘所在：不能讓遊客失望，哪怕只有一次。因此它不斷追求將服務做到精細化。在停車場會有遊覽車把遊客從停車場送到售票處；在公園入口處會有不同的代步工具，童車、輪椅、電動輕便車等一應俱全，供不同需求的遊客選用；遊客如果帶了寵物也可以找到專門的地方代為照看；車鑰匙反鎖在車裡也可以求助於停車場的巡遊員，無

須給鎖匠打電話，無須等候，無須付費。總之，一切細節的服務都被迪士尼做到了完美。這也是迪士尼樂園取得成功的關鍵一點

第三，靈活的定價策略。迪士尼樂園在定價策略上十分靈活，它根據產品種類、銷售時間和地點等因素的不同採取差別定價、地區性定價、價格調整等措施來保證樂園的門票價格對大多數目標市場而言是可以接受的。主題公園的價格策略一般包括單一票價、優質高價、低門票多服務和廉價策略。單一票價是那些缺乏設施與服務、活動單一的主題公園常用的價格策略；對於高投資、綜合性、高科技的主題公園普遍採用優質高價策略；低門票多服務策略是未來綜合性主題公園的定價趨勢，它強調主題公園應以低門票來吸引遊客，以相關服務來增加利潤；廉價策略適合在度假區附近的主題公園。這種靈活的方式「因地制宜」獲得了巨大的成功，其原因在於此舉籠絡了更多的遊人。

最後，有效地管理方式也是其成功的關鍵。迪士尼樂園首先強調企業對員工的「內部行銷」，然後才是企業對消費者的「外部行銷」。迪士尼以內部行銷管理為員工營造「享受工作、快樂工作」的工作氛圍，以激勵員工為顧客提供高品質的服務，同時也為樂園的運營提供了保障，迪士尼樂園在新員工的入職培訓中包括學習如何真正認識自己在為顧客製造歡樂的「表演」中扮演著一個關鍵角色。正是迪士尼樂園一貫重視內部行銷，努力為員工營造「享受工作、快樂工作」的工作氛圍，這才造就了快樂的員工為顧客提供快樂服務的良性迴圈。迪士尼樂園的員工對企業的忠誠度一直保持在很高的水準上。在外部行銷方面，迪士尼樂園多樣化的行銷策略也十分成功。迪士尼樂園在花費大量資金用

於電視、廣播、報紙、櫥窗等傳統宣傳媒介的同時，輔之以多樣化的行銷手段。例如迪士尼公司為宣傳香港迪士尼樂園專門推出了「迪士尼夢幻世界」電視節目；利用網際網路建立迪士尼網站，將企業文化作為商業宣傳手段，在宣傳卡通文化的同時大做商品廣告；與已有很高文化影響力的麥當勞和可口可樂聯合宣傳，在可口可樂飲料罐上做廣告；迪士尼的行銷人員頻頻現身於華南地區的各大購物中心開展「品牌故事教育」活動，2004 年 8 月香港迪士尼在廣州舉行了一個夢幻派對現場表演，2005 年 3 月以「睡公主城堡」等 12 個展位亮相 2005 廣州國際旅遊展銷會，4 月 15 日至 5 月 8 日在深圳、東莞、中山和廣州等珠三角城市開展了名為「奇妙之旅」的巡迴路演；與當地旅行社合作開展主題行銷活動。多樣化的行銷策略不僅大大提高了迪士尼樂園的知名度，而且為其帶來了大量客源和滾滾財源。這也是迪士尼樂園的成功之道。

七、迪士尼對美國文化的影響

現在的美國人全部都是和迪士尼的卡通人物一起長大的，迪士尼已經完全是美國人生活的一部分。迪士尼的出現和興起源於美國文化，它的興衰也必定和美國經濟、美國文化共起落，沒有迪士尼的電影孩子們的童年將缺少很多色彩。去迪士尼樂園，買迪士尼卡通，已經成為美國人的生活習慣。所以，至於迪士尼能否走出目前的低谷，全看美國的整體經濟是否氣數已盡。如果美國經濟能撐得住，久經考驗的迪士尼就有喘息的空間。

　　迪士尼快樂的背後隱藏的商業文化，這是和它溫馨的外表完全相反的東西，張牙舞爪，咄咄逼人。迪士尼的發跡史，就是一部將藝術徹頭徹尾商業化的過程。在迪士尼和好萊塢，藝術品被看作是一種產品，而不是一種「作品」。很少有人能像迪士尼、好萊塢一樣，把藝術本身的商業價值發揮到極致。迪士尼的崛起帶動了美國文化產業的繁榮。

　　作為電影產業，迪士尼從未停止推出一部部製作精美的卡通片，每一部影片推出後都要大力宣傳去打票房，並發行拷貝和錄影帶，賺進第一輪。然後是後續產品的開發，主題公園是其一，每放一部卡通片就在主題公園中增加一個新的人物，在電影和公園共同營造出的氛圍中，讓遊客高高興興地去參觀主題公園，賺進了第二輪。接著是品牌產品，迪士尼在美國本土和全球各地建立了大量的迪士尼商店，讓大人孩子出門就看到迪士尼的存在，賺進第三輪。這還不夠，迪士尼還在不斷地收購電視頻道，即使有了卡通電影頻道、家庭娛樂頻道仍不滿足，甚至還買了新聞頻道。借助電視的觸角，布下它的天羅地網。目前在迪士尼的全部收入中，接近一半是品牌產品銷售，主題公園的收入占 20%，而電影電視的收入是 30%。

八、迪士尼樂園給我們的啟示

　　迪士尼樂園的成功可以總結為：迪士尼樂園準確的定位了自身「展示平臺」的位置，全方位的為遊客服務。以「快樂」為內涵，以「創新」為魂魄的成功主題公園。其中「創新」是迪士尼

取得成功的關鍵。「歡樂＝財富」更是迪士尼樂園的獨創，它的成功帶給我們很多啟示。

1. 樹立品牌形象保護知識產權

迪士尼為什麼會有如此的發展？他們對迪士尼的版權有嚴格的保護，因為版權問題似乎是文化產業所面臨的最棘手的問題。迪士尼公司由卡通形象標貼的特許經營發展到依卡通形象製造玩偶的特許經營，並以「迪士尼專賣店」向市場直接推出與迪士尼有關的產品。作為我國的文化企業來說品牌的建設是最重要的，因為迪士尼之所以會謹防版權和知識產權的保護，究其根本原因是其身後的品牌價值。我國的文化創意產業應該著力於建設自己的品牌形象。主題景區品牌的定位就是尋找主題景區的「主題」內涵，這種主題內涵的挖掘及確定，既要迎合並引領市場需求，又要基於自身的資源基礎和文化內涵，突出自身獨有特色，使主題景區在激烈的市場競爭中贏在起點。迪士尼的品牌就是卡通，它的內涵就是歡樂。我國主題園區一定要找准主題的內涵，才能有更好的發展。

2. 顧客至上的理念

中國的主題公園應該讓遊客切身的、真實細緻的體驗和享受主題公園的文化有著典型的電視文明的特徵。在最短的時間內給人最強烈的資訊衝擊，提高人們接受新鮮事物的效率。用舞臺化的方式類比展現文化和社會歷史的方方面面。作為舞臺化表現方式，最重要的就是確保其表現的真實性，即「舞臺真實」，就好

比一個出色的演員必須演技逼真一樣，主題公園必須營造使遊客忘卻自我的氛圍，使其完全融入到設定的情境中去。迪士尼樂園就在場景和專案的設計上很講究真實性和參與性，要求簡直達到了苛刻的程度。而且為了準確把握遊客需求，迪士尼致力研究「遊客學」。其目的是瞭解誰是遊客，他們的起初需求是什麼。因為迪士尼樂園明白一個道理，顧客是上帝，有了顧客才會有園區。所以他們從服務，設施等等一切方面著手，目的只有一個就是為顧客提供更好的服務。這一點也是我國主題園區要借鑒的。

3. 主題園區的定位

迪士尼樂園的發展對我國主題園區最大的啟示就是如何找准主題園區的定位及發展的整體性規劃。迪士尼樂園給出了最完美的答案，迪士尼樂園是給迪士尼動畫片服務的，是迪士尼公司的平臺，迪士尼樂園在形態上是獨立的但是在精神上它與迪士尼公司是分不開的。也就是說作為我國的主題公園，它的作用應該是為「主題」服務的，是「軟體」及「硬體」共同配合所得出來的成果，而主題公園本身並不會獨立存在，這是我國的主題公園區所沒有注意到的。

好萊塢

世界上不愛看電影的人恐怕不多。而提起電影，人們總是能聯想到位於洛杉磯市區西北郊世界電影之都——好萊塢。好萊塢本意上是一個地名的概念，是全球最著名的影視娛樂和旅遊熱門地點，「好萊塢」（Hollywood）一詞往往直接用來指美國加州南部的電影工業。而提到好萊塢除了輝煌的電影產業還有就是好萊塢環球影城，這是一座以好萊塢電影為主題的公園，如今已成為主題公園的典範。本文將介紹好萊塢的電影產業和環球影城的特色。

一、「好萊塢」電影產業的發展

「好萊塢」第一次與電影接觸是在 1907 年，導演法蘭西斯‧伯格斯帶領他的攝製組來到洛杉磯，拍攝《基督山伯爵》。他們發現，這裡明媚的自然風光、充足的光線和適宜的氣候是拍攝電影的天然場所，由此開始好萊塢便踏上了電影之路。

1911 年 10 月，一批從新澤西來的電影工作者在當地以為攝影師的帶領下，來到一家叫布朗杜的小客棧，他們將租到的客棧改裝成一家電影公司的樣子。這樣，他們創建了好萊塢的第一家電影製片廠——內斯特影片公司。

1923 年，今天成為好萊塢象徵之一的白色大字 HOLLYWOOD 被樹立在好萊塢後的山坡上，本來這個字後面還有 LAND 四個字母，是一家建築廠商為了推銷新建好的的住宅社區設置的廣告看板。但它們被樹立起來以後就沒有人去管它們，以致漸漸荒廢。一直到 1949 年，好萊塢的商會才將後面的四個字母去掉，將其他字母修復。這個招牌今天受到商標保護，沒有好萊塢商會的同意，無人敢使用它。

1929 年 5 月 16 日，奧斯卡金像獎第一次被頒發，當時的門票是 10 美元，一共有 250 人參加。

1985 年，好萊塢的商業和娛樂區被正式列入美國受保護的歷史性建築名單。

好萊塢電影產業起步大事年表

年份	事件
1907	第一部電影《基督山伯爵》
1911	第一家電影製片廠：內斯特影片公司
1929	奧斯卡金像獎第一次被頒發
1947	第一次為電視拍電影
1952	CBS 在 Fairfax 大街和貝芙麗大街交界處建立了電視城
1985	好萊塢的商業和娛樂區被正式列入美國受保護的歷史性建築名單。

現在的好萊塢是一個多樣的、充滿生機的和活躍的市區。它在美利堅合眾國文化中已經具有了重大的象徵意義。可以說，好萊塢的發展史就是美利堅合眾國電影的發展史。好萊塢生產的影片不僅滿足美利堅合眾國電影市場的需要，還出口到世界各地，

不僅輸出了美利堅合眾國的文化，更為好萊塢投資人帶來了豐厚的利潤。同時也是美國電影產業的領軍者。

二、好萊塢環球影城的歷史

好萊塢環球影城是伴隨著好萊塢的發展一起成長起來的。1907 年好萊塢拍出了最早的故事片之一《基度山伯爵》，與此同時好萊塢環球影城也拉開了發展的序幕。好萊塢環球影城起初是作為好萊塢的影視基地存在的。在 1912 到 1928 這短短的幾年間，好萊塢逐漸形成了以派拉蒙等「八大影片公司」為首的電影企業陣容。30、40 年代是好萊塢的鼎盛時期，攝製了大量成為電影史上代表作的優秀影片，並使美國電影的影響遍及世界。這些作品大都是在環球影城中完成的。同時好萊塢亦發展為美國一個文化中心，眾多的作家、音樂家、影星及其它人士彙聚於此。第二次世界大戰後，製片廠陸續遷出，許多拍片設施閒置或轉手電視片製作商。60 年代初，好萊塢成為美國電視節目的主要生產基地。

翻看好萊塢環球影城的歷史，不難發現第二次世界大戰又是好萊塢的一個發展的轉捩點。主要是因為戰爭時期美國的本土沒有受到戰火的衝擊，有安逸的發展環境。第二、戰爭中的人們更需要精神的慰藉，電影就是很好的工具，所以人們的需求是好萊塢成長的基礎。

經過一段時期的發展好萊塢環球影城逐漸發展成集，影視拍攝，主題公園，旅遊休閒為一體的產業園。區內名勝有「好萊塢

碗」（天然圓形劇場）、「朝聖者」圓形劇場、希臘劇院、中國劇院、加利福尼亞藝術俱樂部等。雖然因為電視行業的興盛，攝製的電影也就相對減少。但是好萊塢仍然是一塊金字招牌，好萊塢的主要街道是 Sunset Blvd. 與 Hollywood Blvd. 街道兩旁是電影際與高級的商店，極盡繁華之能事。做為遊客，在環球影城，你可以參觀電影的製作，解開特技鏡頭之謎，回顧經典影片中的精彩片斷。還可以看到各種表演。這裡就是好萊塢環球影城。

三、好萊塢環球影城的現狀

現在的好萊塢是美國的影視基地，在這裡聚集於此的大小電影公司數以千計，大公司共 8 家，分別為迪士尼、索尼、米高梅、派拉蒙、福克斯、環球、華納兄弟和哥倫比亞，由於哥倫比亞已歸屬索尼旗下，大公司變成 7 家。7 大公司的產量占全美總量的五分之二，每家公司年產數十部電影。不僅如此，好萊塢環球影城電影從業人員約 60 萬人，這為美國提供了眾多的就業崗位，2001 年和 2002 年好萊塢的全球票房收入都在 84 億美元以上，占世界份額的 60% 以上。2007 年好萊塢一共製作了 603 部電影，市場銷售數字高達 96 億美元，比 2006 年增長了 5.4%。而在全球電影市場中，美國電影的銷售數字達到 267 億美元。如果把供電視播放和光碟、錄影銷售的收入加在一起，2002 年就高達 346 億美元。

此外環球影城的遊覽者每天達萬人，最多時為 4 萬人，成人票是 47 美元、3 歲以上小孩門票為 37 美元。好萊塢環球影視城

也成為好萊塢的一道旅遊大餐,而作為城市來說,因為有了好萊塢,才有了洛杉磯的名氣和魅力,好萊塢為人們送去了精神的食量;好萊塢因為有了環球影城,才有了周圍的 65 家各種商店、餐館,並自 1964 年 7 月以來帶來了 9000 多萬來自世界各地的遊客,顯示出帶動其他消費的強勁勢頭。現在它們是個不可分割的整體。

環球影城的擁有展區和遊樂區兩個部分,展區是為了配合電影的宣傳而設立的主題景區,還有就是與圍繞電影的娛樂設施,比如把希區柯克的電影中的特殊拍攝效果重新展現,並請觀眾客串演出劇中的情節,一邊拍攝一邊解說。因為演員都是觀眾串演,所以會有許多爆笑的場面。重現化學工廠的火災景象,可以令人親身體驗火災的可怕。火勢均以電腦控制,每小時有 15 次逼真的大火災出現。還有只需要 4 分鐘,讓遊客體驗在 2015 年的冒險等等。

四、好萊塢環球影城的亮點

環球影城是一個以電影和休閒為主題的產業園區。那麼電影和休閒就是兩個永恆不變的主題。簡單的說環球影城的主要亮點就是主題景區和衍生業務。下面我們來具體介紹。

1. 好萊塢影城的主題景區

一部成功賣座的電影都會有屬於自己的特色。1998 年,《鐵達尼號》收入為 20 億美元。那是因為它唯美的劇情感動了觀眾,

淒美的愛情震撼了心靈。《哈利·波特》第一集僅票房收入就達 9 億美元；第二集投資 1 億美元，全球票房已超過第一集。影片以高超的電腦特效征服了觀眾。而環球影城抓住了這個特點以每部電影的特性設立主題景區吸引遊覽者。

在這裡還會模仿影片《E.T.》中並未出現的 E.T. 故鄉。通過電腦輸入您的名字，然後和 E.T. 一起騎單車邀遊天際，並帶領 E.T. 回到它們的故鄉。最後，E.T. 還會向每個人致謝！這是對電影的延續也是一種創新。

以著名影片《金剛》的主題景區為例。金剛景區，是以 2005 年獲得奧斯卡獎的電影的為基礎，通過世界上最大的環繞數位投影系統來結合新鮮的刺激效果，以創建新一代的主題公園經驗。金剛，被譽為「世界第八大奇蹟」，如今被稱為「電影創作的體驗」。自在 1933 年第一次出現在螢屏上的原始經典，「金剛」已經重新創作了兩次，每次都花費巨大，同樣它也獲得了總共有七項奧斯卡和三項金球獎的提名。2005 年的版本被認為將原始「金剛」的故事最佳呈現，以此為基礎金剛體驗將被安排在影城遊覽主要景點。之後好萊塢環球影城將推出升級的旅遊體驗，2009 年夏天，將原來的電車改造成「移動電影院」，配備高清數位電視系統和新的高清平板顯示器。

此外著名的電影拍攝地點有很多，包括《世界大戰》的背景，西方街、歐洲街、墨西哥街、羅馬眾議院、貝茨汽車旅館等，還有美國廣播公司的熱門連續劇《慾望師奶》的背景。拍攝景點包括《大地震》，《大白鯊》，《速度與激情：東京漂移》和《神鬼傳奇》等。

　　為什麼要以各個電影為主體設立主題景區呢？首先就是宣傳，為相關的電影設計一個平臺，比如前面提到的《E.T》，E.T的形象和整個故事的題材都相當成功並且深入人心，是外星人題材的電影中最成功的一部。具有很龐大的觀眾市場。電影的主題景區為電影起到了宣傳的作用，也是得到觀眾回饋的重要途徑，在主題景區裡，影片可以得到觀眾最直面的回饋，這有利於投資商和製作者的資訊回收。此外主題景區的另一個重要的作用就是對電影衍生品的開發和經營，所以主題景區是，投資者發掘電影商業價值的重要途徑。

2. 開發成功電影的衍生品

　　電影衍生品的市場廣闊，也是商業電影的利潤來源之一。電影是有風險的產業，一部好的電影可以使投資商一夜暴富，而一部不很賣座的電影卻會使投資商傾家蕩產。但好萊塢有一種產業經久不衰，那就是由電影衍生出來的相關產品，不僅旱澇保收，而且其收入遠遠高於電影本身。《星際大戰》是上世紀的經典影片，該片三部曲的全球票房收入是 18 億美元，而其衍生產品玩具、遊戲、圖書、唱片等的銷售額卻超過 45 億美元。事實上，影片在開拍之前就已開始賺錢，根據該片設計的玩具有 6 大系列 200 餘款，版權得到世界 3 家最大玩具公司的競標，僅此一項就淨賺 4 億美元。電影《哈利·波特》衍生的遊戲讓你成為哈利·波特的化身，遊歷魔法世界。有些諸如迪士尼《星際寶貝》動畫片衍生的遊戲，在影片開拍時就已經設計、生產，幾乎與電影同步投入市場。遊戲與影片互動促銷，遊戲價格一般都要數十

美元。這些只是利用衍生品的幾個例子，成名影視作品的人偶玩具，圖書音像，這都會給影視城帶來很大的收益。

但並非所有的電影都能開闢電影產品衍生市場，總的看來，只有動漫或者動漫改變電影才是衍生品市場的主力軍。此外就是一些聚集了超高人氣的電影。在某種意義上，電影似乎「本末倒置」，成為了其衍生品市場的宣傳促銷工具。

探索其成功的原因其實可以歸結為兩個字「人氣」。我們可以發現好萊塢影視城所開發的衍生品都源自成功作品，這其中的原因就是一個「人」字，何謂成功？成功就是得到了觀眾的認可，有了忠實的支援人群，這些人也就成為了電影衍生產品的忠實擁護者，電影衍生品就有了市場，這才是這個戰略得以成功的關鍵所在。而環球影城正是看到了這一點才能取得成功。

五、好萊塢電影的經營模式

環球影城與好萊塢的電影產業是相輔相成的，環球影城為好萊塢的電影提供宣傳，為好萊塢的電影開發衍生業務。同樣好萊塢電影的成功也是環球影城運營的保障。電影行銷可分為三個層次：電影產品的行銷，電影品牌的行銷和電影行業企業文化的行銷。電影的產品行銷包括電影產品品質，宣傳策略，定價，院線等方面，主要通過電影的拍攝製作，上映當期設定，票價策略制定，終端院線管理，廣告宣傳，促銷推廣等方面來實現的，這是最低層次的行銷。

1. 電影產業化

20 世紀後期，傳統的好萊塢 8 大製作公司都不同程度地進行了產業的調整組合，形成了規模更大的產業集團。使其擁有巨大的競爭優勢，借勢於這種優化組合，好萊塢企業加速了資本的積聚和集中，擴大了投資規模，依靠發達的資本市場與高新技術產業融合，提高了市場競爭力。形成了自己的產業鏈，使電影的收入不再單單局限於票房。並且是好萊塢可以獨自運轉。

好萊塢把全世界都作為其電影的發行市場，使用成熟而完備的市場運作機制，制定詳盡而科學的市場發行計畫才起到決定性作用。好萊塢利用生產、發行、放映一整套完整的產業鏈把一部部影片推銷向全世界不同種族、不同語言的國家和地區。許多歐洲國家也投入了相當多的資金製作出了具有一定藝術水準的高品質影片，但因缺乏成熟的市場運作經驗，無法成功打入海外市場。「電影行銷」的重要性遠遠超過了「電影製作」，把影片賣出去成為了關注的重點。要重視書籍、玩具、音像製品等電影衍生產品的開發和銷售，重視影片本身的銷售和利潤，更要借助成熟的國際市場行銷系統，建立起良好的電影品牌。

2. 多元經營

相對於其他商品，電影生命週期比較短暫。但是有學者指出如果單從一部電影看，這的確是賠錢的買賣。但是，如果他們不拍電影，你就無法建造主題公園，無法經營或者創造電視網，無法擁有片庫，並由此建立有線（電視）網路。電影實際上提供了

這些公司經營其他業務的經濟基礎和手段。擁有了轟動性的大片之後，就可以從你當年所從事的任何其他行業中大把賺錢了。因為這部電影能為其他業務和其他電影開闢道路。因此，成功的影片實際上強有力的車頭，將拉動隨之而來的其他業務。這就體現了電影的多元性，也是好萊塢行銷的重點。

好萊塢不光在電影院播放電影，電視也是其播映的平臺，因為出售電視轉播權是一種絕佳的利潤來源，而且根本無需耗費任何成本。電視可以在電影下線後讓電影發揮餘熱，好萊塢電影的電視播映權在 60 年代末的平均價格為 80 萬美元，而到上世紀 90 年代中前期甚至創造了《侏羅紀公園 2：失落的世界》電視播映權 8000 萬美元的交易記錄。基本上，電視播映費用占電影票房的 20% 至 25% 左右。

數位技術在很大的程度上提高了電影的品質，給觀眾更為強烈的視聽震撼。但它對電影最重要的影響則是改變了電影的發行系統和商業模式。影片能在最短的時間內通過更多的發行方式：院線、錄影帶、電視、DVD 以及網路將盜版所帶來的損失最小化，同時大大降低了發行和宣傳費用。從錄影帶到 VCD，再到 DVD 以及現在還沒有完全普及的 BR-DVD（藍光制式 DVD），是電影產品流通的一種至關重要的管道。此外還有上文提到的衍生品的經營都是好萊塢的行銷之道。

3. 包容性

美國是世界的大熔爐，多元的文化在這裡交匯，這在好萊塢體現的格外明顯。近幾年來，亞洲類型的影片在美國深受關

注，唐季禮、吳宇森、成龍、李連傑等華人導演、影星加盟拍攝、參演好萊塢大片，將更多的東方文化帶進了好萊塢。這也是為美國電影輸出到亞太地區做鋪墊。當一部電影有內容涉及到其他國家或地區時，電影公司首先會對此國家或地區的語言、宗教、風俗習慣、身份認知以及飲食習慣等一系列文化特質進行充分的調研與分析，甚至會在影片的類型、導演、演員等方面進行適當調整。但是它同樣會引起世界的共鳴，可以為帶來更多的觀眾群體，引起世界的共鳴。這也是好萊塢成功的行銷策略。

六、環球影城帶來的啟示

環球影城為中國企業帶來了什麼？我們要想想影視城的成功源自哪里？首先就是環球影城和好萊塢的電影產業互相依託，這是我國的主題公園所欠缺的，我國的主題公園的主題往往過於寬泛而且往往「主題」不能給公園帶來足夠的幫助，從而使主題公園成為了一個獨立的個體，從而影響其的發展。而從細節上說不管是好萊塢的電影產業還是環球影城的發展，衍生業務都起到了很大的作用，這使得它像一張網一樣抓住了更多的觀眾，為自己打造了更大的平臺。

作為中國的產業園區應該學會怎樣利用和依靠一個已經取得成功的事物。因為挖掘已有事物的價值比開發一個新事物的價值要容易得多。具體地說我國的主題公園應該盡力挖掘「主題」對公園的幫助。建立更多的配套設施比如「恐龍園」，應該抓住

「恐龍」對觀眾的吸引，體現恐龍的神秘感，建立展覽等等的配套設施，這樣也更有利於公園和相關產業的發展。

　　總之好萊塢環球影城以好萊塢的電影產業為依託，著重於發展成功電影的價值，與好萊塢的電影產業相輔相成取得成功。

甘迺迪藝術中心

1963 年 11 月 22 日，美國第 35 任總統約翰・菲茨傑拉德・甘迺迪在夫人賈桂琳・甘迺迪和德克薩斯州州長約翰・康納利陪同下，乘坐敞蓬轎車駛過德克薩斯州達拉斯的迪利廣場（Dealey Plaza）時，遭到槍擊身亡。就在這場舉世震驚的悲劇發生兩個月之後，美國國會通過決議，將甘迺迪在世時以極大的熱情參與籌劃的國家文化中心（National Cultural Center）建成一座「活的紀念碑」（a living memorial），命名為甘迺迪表演藝術中心（the John F. Kennedy Center for the Performing Arts），址選在首都華盛頓（Washington，DC）的波托馬克河畔（the Potomac River），由著名建築師愛德華・斯通（Edward Durell Stone）擔任總設計。

一、甘迺迪藝術中心的概況

目前，甘迺迪藝術中心共分四個廳。龐大的音樂廳「甘迺迪音樂廳」，座位多達 2759 個，舞臺可容納 200 人的樂團，觀眾席分為三層，每層各有一間總統包廂。音樂廳舞臺上——裝飾著 4000 多個管風琴的管子，顯得特別壯觀。音樂廳擁有一個全世界最大的休息室，長度是兩個足球場再加十碼，屋頂上裝飾著水晶燈，及許多國家致送的裝飾物，閃閃發亮，眩人耳目。每當夜晚

表演休息時間，人們在此交際應酬，不單是參觀藝術表演，也是促進人與人之間友情的重要場地。

艾森豪劇院，是專門為舞臺劇設計的場地，有可容納 1200 人的座位，是甘迺迪藝術中心的第三大廳，有時也放映電影，也是多功能表演場所。

「歌劇廳」，舞臺寬 100 英呎，深 65 英呎，有可坐 2334 人的座位，是專為音樂劇、芭蕾舞劇、歌劇而設計的表演場所，規模可以和世界上的任何歌劇院媲美。歌劇廳內部陳設富麗堂皇，頂部的奧地利水晶大吊燈，金碧輝煌。最引人注目的是：舞臺上的紅、金絲色繡成的大幕，是日本贈送給甘迺迪藝術中心的禮物。

頂樓的小型音樂廳，適合室內樂、獨唱、獨奏等演出。是甘迺迪藝術中心很別致的階梯式小型表演場地，可容納 513 座位，音響效果非常良好，坐在任何一個角落，都可享受到相同的視、聽覺效果。並有完善的錄製節目的設備，這個廳採用灰藍色調的設計，高雅宜人。甘迺迪藝術中心除了這四個重要的表演廳，另一特色是擁有世界各國送來的禮物，像奧地利、瑞士贈送的水晶吊燈、英國的肖士塔科維奇銅像、盧森堡的粉紅色大理石雕像、以色列的大型木雕壁飾、西班牙的壁毯、斯里蘭卡的精緻蠟燭、義大利價值百萬美元的「卡拉拉」大理石、法國贈送的一對馬蒂斯的繪畫掛氈、亨利·勞倫斯的兩座雕刻品《秋》和《海洋水神》、西德的朱爾真和威伯所作的雕刻銅板，許許多多的禮物，可說集合了世界藝術作品的精華。使得甘迺迪藝術中心，除了是表演藝術的重地外，同時也是各國視覺藝術的展示場所。

二、甘迺迪藝術中心的發展歷程

　　甘迺迪藝術中心的建設可以分為三個階段，第一階段是艾森豪總統時期。這個階段甘迺迪藝術中心只是雛形，是由艾森豪總統於 1955 年下令設計建造的，劇院的選址就在華盛頓地區的哥倫比亞特區劇院。第二階段是甘迺迪總統時期，在這個階段藝術中心的方案設計基本定型，由於總統本人非常熱衷於這個項目，使得項目的發展非常順利。最後就是在甘迺迪總統死後繼任者將藝術中心命名為「甘迺迪藝術中心」並破土動工。

　　甘迺迪劇院在興建的過程中愛德華・達雷爾・斯通（Edward Durrel Stone）和羅傑・史蒂文斯（Roger L. Stevens）是兩個特殊的人物。斯通是中心的設計者，它的設計理念是：在同一塊巨大的頂蓋下，建造一個擁有 2300 個座位的傳統式話劇劇場。在這個藝術中心裡，還要有幾個小型劇場和電影放映廳的新方案，在這幢建築物中，斯通還設計了兩個宏偉的過道式大廳，將 3 座主要劇場分隔開來。這在當時是一種創新的整體化設計。是甘迺迪藝術中心的亮點之一。

　　史蒂文斯是甘迺迪總統當政時期的藝術中心建設委員會新主席。他是一位出色的房地產經營者和能幹的基金籌集人。他的功績是統籌了甘迺迪中心的建設並帶來了斯通。史蒂文斯對戲劇有濃厚了興趣，他和不同的合作者一起，接連創作了幾部有相當影響的劇作。他在文學領域和演藝界照樣遊刃有餘，以至他對藝術的追求超過了對自己與日俱增的巨大財富的興趣。所以，他不計

報酬的接受了這份工作。

藝術中心之所以用甘迺迪的名字命名，除了紀念總統遇刺之外，從另一個角度也說明，甘迺迪總統是這項工程的熱衷者。甘迺迪總統很關心藝術中心的建造，為此他親自接見了不少應邀前來考察藝術中心選址和設計的國內知名財團負責人和企業家，和他們共進工作午餐，一起討論藝術中心的未來。因為在場館建設的費用方面總統傾向於接受較多的私人捐贈，一來彌補國家撥款的不足，二來可以吸引更多的人長久地關心對未來藝術中心的管理。

1964 年 12 月 2 日，甘迺迪表演藝術中心在波托馬克河東岸的霧谷破土動工。1966 年後工程全面開始，在建築過程收到了世界各國贈送的建築材料。其中義大利贈送這的 3700 噸優質大理石，被用來裝飾藝術中心的外牆。

1971 年 9 月 8 日，甘迺迪表演藝術中心正式向觀眾開放。建成後的藝術中心成了真正意義上的表演藝術世界。歌劇、芭蕾舞、電影、話劇、音樂劇、交響樂、歌唱藝術、室內樂，以及形形色色的民族歌舞和民族劇，都在這裡的 6 個舞臺上輪番表演。值得注意的是該中心共耗資 5750 萬美元，其中 2450 萬美元來自美國國內的個人、團體捐款和國外捐款。

三、甘迺迪藝術中心的經營理念

對美國而言，甘迺迪表演藝術中心具有雙重意義。第一，它是國家文化中心，自艾森豪總統開始，即計畫要建立這樣一個國家文化中心。其次，它是以美國總統甘迺迪之名命名，以紀念這

位年輕遇刺的總統；幾十年來，甘迺迪藝術中心在美國文化界已占著舉足輕重的地位。那麼怎樣經營好這個特殊的藝術中心就成為了人們所關注的問題。

甘迺迪藝術中心的經營理念是：藝術是一種文化，也是一種「硬實力」。「藝術本身就是『硬實力』。」所謂的「硬實力」，就是保證藝術品質，來不得半點折扣。運營成本和藝術品質始終處在天平的兩端。而藝術的品質才是生存的根本。不過藝術行業運營的營運是困難的，因為藝術行業資金困難的原因在美國政府，政府只能給藝術機構提供 5% 的建築維護資金，另外 95% 的經費缺口必須藝術行業自己想辦法。甘迺迪藝術中心也是一樣，它的運營成本每年需要 1.4 億美元，其中一半會通過售票回收，而另一半則通過「遊說」民間贊助來募集。其實這樣的經營模式和藝術中心的藝術理念是分不開的，只有提高了藝術的品質才能吸引到更多的民間資本或者是商業的投資。這是相互依託的關係。如果因為資金缺乏就苛扣藝術成本，無異於飲鴆止渴會把藝術中心引向一種惡性循環，如果藝術的品質不高是很難吸引投資的。越困難的時候越應該拿出好作品贏得市場的支援這就是甘迺迪藝術中心的經營之道。

四、甘迺迪藝術中心的特色

甘迺迪藝術中心和美國其他藝術機構一樣沒有國家經費的保證，所以藝術中心需要向社會融資，在融資的過程中展現出了屬於自己的特色。甘迺迪藝術中心在向社會融資的過程中，他們不

是單純的為企業做廣告，因為這樣會讓藝術有太多的功利色彩。藝術中心是通過與企業合作，讓企業看到自己的產品怎樣通過藝術機構擴大影響並產生價值，之後根據投資人投入的多少來決定回報。這樣做的好處是：讓企業投身藝術，例如對大投資商，會給予冠名權；讓投資商參與到藝術活動過程中，廠商會覺得受到尊重，更願意為你掏錢。因為舞臺上的表演總有一種距離感，因此藝術中心邀請廠家觀看排練，讓投資商感覺真實可信，感覺自己的投資有了回報，但是在融資的過程中，中心的管理者盡力與投資商成為朋友，決不能成為他們眼中的乞討者。向個人募集資金，則是圍繞投資者的本身特性因人而異，不會制定強硬的標準。這種則略有兩個好處，首先使藝術中心與投資者地位平等，這樣藝術中心的發展才不會被投資者左右，其次可以使投資也融入到藝術中去，不要讓他們有單純的利益觀點，讓他們投身藝術。這有利於藝術中心長期發展，他們可以自己把握自己的發展方向，不會受制於人。讓自己投資者成為朋友，這是甘迺迪藝術中心的一大特色。

　　甘迺迪藝術中心還有一部分資金來源就是社會的捐助。為了合理使用這些捐款，藝術中心專門設置了合作基金理事會，其 40 名成員都是向藝術中心提供巨額贊助的美國各大公司代表。理事會將提供捐款和贈送禮品的團體和個人按出資多少分類（最高為 100 萬美元，最低為 1000 美元），並載入中心的年度報告。根據甘迺迪藝術中心 1997 年的報告，該中心連續 4 年做到收支平衡。其良好的發展態勢，主要歸功於大力改善經營管理和卓有成效的集資募捐活動。資金的管理在企業的日常運營中尤為重要，

讓贊助商自己管理藝術中心的資金這是甘迺迪藝術中心的又一大特色。

五、甘迺迪藝術中心的現狀

　　今天的甘迺迪中心是美國演出活動最頻繁的地方，這裡每年要為近兩百萬觀眾舉辦三千多場演出。每年有三百多萬人前來參觀，還有大約兩千萬人參加藝術中心舉辦的各項藝術活動。甘迺迪中心不僅是高雅藝術的演出中心，而且為各類不同風格的表演藝術提供最佳展示舞臺。在此上演新作的有：著名戲劇家田納西‧威廉斯（Tennessee Williams）、亞瑟‧米勒（Arthur Miller）、斯托珀德（Tom Stoppard），傑出的芭蕾舞編舞圖德（Antony Tudor）、德米勒（Agnes De Mille）、羅賓斯（Jerome Robbins），作曲大師科普蘭（Aaron Copland）、蕭斯塔科維奇（Dmitri Shostakovich）、凱奇（John Cage），等等。

　　另外為了向社會各階層普及表演藝術，藝術中心每年舉辦幾百場免費演出，還有一年一度向公眾開放的藝術節（Open House Arts Festival）。每年有六百多萬學生、教師和普通家庭參加藝術中心舉辦的各類教育活動。這些豐富多采的活動激發孩子們的創造潛能，帶領年輕的一代進入藝術的殿堂。

六、甘迺迪藝術中心對美國的貢獻

　　甘迺迪藝術中心也代表著本領域的一流水準。它一向以選戲嚴格著稱，凡在該中心演出的作品都必須堪稱經典。正因為如此，不止美國，甚至世界各國的藝術家都以能登上甘迺迪中心的舞臺為榮。全世界的觀眾也都可以透過甘迺迪藝術中心的演出來瞭解舞臺藝術發展的動向。而這個有著兩個「千年舞臺」的藝術聖殿也總是以每年 450 餘場的免費演出來回饋熱心觀眾。令人感到嘆服的是，對於經典藝術的理解，甘迺迪藝術中心顯然並不僵死，相反一些似乎只在小劇場演出的實驗劇碼，會以相當快的速度登上經典舞臺。甘迺迪表演藝術中心為美國和世界各地最優秀、最激動人心的表演藝術作品提供了向公眾展示的舞臺。

　　此外甘迺迪藝術中心對美國的另一大貢獻就是引領青少年投身藝術。因為音樂是一種聽覺的藝術，音樂語言具有模糊性和抽象性，對事物的描繪間接而朦朧，這就給欣賞者提供了藝術想像的自由，音樂通過聽覺作用於人的情感，會引起人們豐富的聯想。音樂的這種特性就給發散性思維的發展提供了廣闊的天地，而發散性思維正是一種珍貴的創造性思維方式。

結論

　　在短短的三十多年歷史中，甘迺迪表演藝術中心為美國和世界各地最優秀、最激動人心的表演藝術作品提供了向公眾展示的

舞臺，成為美國文化藝術界的一塊瑰寶。對於他的成功筆者做了如下總結，首先，甘迺迪藝術中心有明確的經營理念即：藝術是一種文化，也是一種「硬實力」。保證藝術品質，來不得半點折扣。運營成本和藝術品質始終處在天平的兩端。這個理念保證了藝術中心的藝術品質。

其次，藝術中心大力利用民間資本的贊助和個人的捐款，但是他們令所有的投資者參與藝術投身藝術，與投資者成為朋友，這樣做能夠讓中心與投資者站在同一層面，不會使得投資者左右藝術中心的發展。

再次，藝術中心注意引導年輕人投身藝術事業，有利於文化藝術產業的發展。

最後，甘迺迪藝術中心憑藉與投資商成為朋友和讓投資商監管藝術中心的資金這兩大特色取得了成功。

古根漢博物館

博物館是徵集、典藏、陳列和研究代表自然和人類文化遺產的實物場所。從某種角度上說，瞭解一個地方的過去和現在是從博物館開始的。博物館同時也是世界的縮影，也是一個神聖的地方。世界上有各種各樣的博物館，但是有一家博物館具有「星巴克」一樣的廣泛知名度，有一家博物館已成為麥當勞一樣的國際連鎖品牌，甚至能夠使一個城市復興，它不是法國的「羅浮宮」，也不是英國的「大英博物館」，而是「古根漢博物館」（古根漢美術館）。

一、古根漢博物館的歷史

縱觀古根漢博物館的歷史，1988 年是一個分水嶺，在 1988 年之前是平穩的發展階段，或者說是雛形階段。或者我們可以把 1988 年之前的 Guggenheim Museum 認定為是一家收藏藝術品的美國當代博物館。其創辦人是 Solomon R. Guggenheim。他於 1937 年創立的「古根漢基金會」（Solomon R. Guggenheim Foundation），作為統籌營運和掌管美術館相關事務的組織。其後，在 1939 至 1952 年間設置了「非具象繪畫美術館」（Museum of Non-Objective Paining），此即是紐約古根漢美術館的前身。

時間定格在 1988 年，這一年對於古根漢博物館來說是有歷史意義的一年，自這一年起，博物館從三方面積極擴展館務。一是強化博物館的收藏，二是發展博物館在國際間的據點，三是建立精彩且密集的展示與教育計畫。自此之後的古根海姆則變形為威力驚人的跨國文化投資集團。新的領導者上臺後引起了一連串效應，改變了古根漢博物館的經營策略。其主張將博物館的觸角伸向世界多元化領域，通過商業化的操作，投資藝術品市場，換去高額的回報，將自身的資源與國際間展開交流，取得最大的效能。他的眼光始終緊盯其他國家的資源，先後在德國的柏林（Deutsche Guggenheim）和西班牙的畢爾巴鄂（Bilbao Guggenheim Museum）設立分館，成功地輸入了這塊美國藝術品牌。

二、古根漢博物館的現狀

「古根漢美術館」目前在全球已成立二座主館和兩座分館，主館為紐約古根漢美術館（1937）與義大利 Peggy 古根漢美術館；西班牙 Bilbao 古根漢分館（1997）、德國柏林 Deutsche 古根漢分館（1997）。值得一題的是威尼斯 Peggy 館已邀請義大利建築師 Vittorio Gregotti 整建，2005 年已落成啟用。而紐約 SOHO 館以及拉斯維加斯館分別已經在 2001 年關閉。

在現有的四座博物館中「紐約館」和「畢爾包館」最為有名。1997 年「古根漢基金會」與西班牙巴斯克省（Pais Vasco）的畢爾包市政府簽訂合作協議，籌備建立畢爾包古根漢分館

（Bilbao Guggenheim Museum）。長達二十年的畢爾包區域營造計畫，在 1997 年引入「古根漢美術館」作為都市文化中心後，短短三年（1997-2000）的時間，為畢爾包帶來將近四百多萬的歐洲觀光客，促成四億五千五百萬的經濟活動，並將畢爾包地區落後的重工業廢城形象，成功地轉型為國際性的文化經濟大都會。

此外紐約古根漢博物館全稱所羅門‧R‧古根海姆博物館（the Solomon R. Guggenheim Museum），是古根海姆美術館群的總部。該建築是紐約著名的地標建築，坐落在紐約市一條街道的拐角處，與其他任何建築物都迴然不同，可以說外觀像一隻茶杯，或者像一條巨大的白色彈簧，可能是因為螺旋線結構也有人說像海螺。

可以說現在的古根漢不是一個博物館而是一個博物館群。

	建館時間	設計師	建築風格	運營特點
紐約館	1859 年	弗蘭克‧勞埃德‧賴特（Frank Lloyd Wright）	外部非常樸實無華，只是將博物館的名字裝飾了一下。平滑的白色混凝土覆蓋在牆上，使它們仿佛更像一座巨大的雕塑而不是建築物。	紐約古根海姆博物館是世界著名的私立現代藝術博物館，是世界上最早在博物館業引入和運用「文化產業」概念並在事業上獲得巨大成功的博物館。
畢爾包館	1997 年	弗蘭克‧蓋里（FFrank O.Gehry）	造型奇美，結構迥異	渲染城市藝術氣息

三、「古根漢模式」

從上文的描述中不難看到古根漢博物館區別於其他博物館的最顯著的特點就是古根漢不是一個博物館而是一個「博物館群」。它的發展歷程也是一個擴張的歷程，這也是古根漢博物館最獨到的地方，這種發展模式可以說在博物館的發展歷史中開場了先河。所以這被稱之為「古根漢模式」，簡單的說就是在博物館業引入和運用「文化產業」概念，將博物館做成產業進行推廣，將「古根漢」打造成一個品牌。在「古根漢模式」包含了古根漢博物館的，經營理念，經營模式，經營方法等等一系列的問題。

1. 古根漢的經營理念

古根漢的經營理念主要是將美術館視為一種美學教育、傳遞藝術，以及提供娛樂的商品來經營。打造「商業」氣息濃厚的「非營利事業」。基本上，前兩項的功能並無爭議，因為首先博物館就是一個傳播知識的場所，不管是孩子還是成人，在博物館裡都會受到館藏的教育。另外傳遞藝術也是無可厚非的事情，博物館裡的展品就是藝術，時代的藝術，在這裡所有的人都會受到藝術的薰陶。但第三項功能卻因結合娛樂與商品化的經營手法，引發各界對於該功能是否過於偏離博物館本位的辯論。辯論的癥結在於：博物館是個非常神聖的地方。這裡有歷史的積澱有大師的著作等等，將這裡作為提供娛樂的商品來經營。是否顯得過於輕佻或者是對於博物館本身的不尊重。

　　對於此古根漢的經營者以「市場、成長與生存」三項概念為主軸來詮釋古根漢美術館的經營之道。也很好的解釋上述的疑問，首先傳播藝術，提供教育的前提是什麼？這個前提是博物館需要生存和成長，可是博物館的生長環境是什麼？是市場經濟的大環境。所以如果博物館需要市場，成長和生存，也就是說博物館同樣需要商業元素。

　　古根漢的經營理念是結合企業加盟與行銷手法，將古根漢視為一項品牌，以全球化為目標，不僅積極尋求地域性的擴張，並意圖與國際的館藏結盟。此種經營方式與麥當勞的管理模式相仿，因而被稱為麥當勞式的管理，亦即是 McGuggenheim，古根漢・麥當勞。Thomas Krens 主張透過各地加盟的策略，可以將許多建造成本及往後經營管理的費用分攤給各地的加盟者，意即是內部成本外部化。之所以這樣做也是因為古根漢的領導者相信一個道理：品牌的價值是無窮的。也就是說一個成功的品牌所帶來的利益是無可估量的。

2. 古根漢的經營模式

　　古根漢的經營模式類似於連鎖店，或者麥當勞方式的發展。古根漢所推行的這種全球經銷制度，將會對美術館的未來造成什麼樣的影響。古根漢靠著它的註冊商標（即古根漢）和策展服務，在世界各地開設分館，牟取厚利。

　　為了實現這一經營模式古根漢提出了「城市＝美術館」的理念，這使得「古根漢」的影響力得以超出藝術的範疇，延伸到整個城市。「城市美術館」能提供展示、欣賞及教育的功能，也

有禮品中心可以讓參觀者留下紀念並創造美術館收入。你隨時可以免費進入美術館享受一場美的盛宴,「城市美術館」讓你進入城市就像進入美術館。那麼如何讓城市＝美術館呢？古根漢給出的答案是「藝術授權」,應用藝術授權可以將城市裡具代表性的藝術家作品透過複製的方式量化於各種可能的載體上,讓當地藝術家的作品,讓更多當地居民或外地觀光客觸手可及。古漢根以博物館為基點,帶動全城的藝術復興,這樣,藝術不再只封存於門禁森嚴的美術館,而是出現在透過藝術授權建構的「城市美術館」,真正達到藝術無處不在。「城市美術館」不但能像一般美術館一樣吸引觀光客,也能像創意產業園區一樣照顧藝術家發展,更重要的是能很方便地讓城市居民接觸藝術,提升城市整體美感及競爭力。「城市美術館」,讓城市＝美術館。就城市美術館的實例來說「畢爾包」館是一個典範,它的興建是西班牙畢爾巴鄂城的藝術得以復興。

此外藝術授權可以避免侵犯知識產權的問題,因為,這種藝術授權是由商業模式的連鎖店發展而來。經過授權才可以進行後面的工作。授權具有法律效力。這樣可以促進和保護城市和博物館的利益。

古根漢震撼文化人的可能是藝術氛圍,但吸引城市經營者的卻是城市轉型和文化觀光的消費力量。這也就是「城市美術館」的魅力所在。因為經費短缺是世界博物館業面臨的共同難題,美國古根海姆基金會要維持和拓展龐大的博物館體系面臨著同樣的問題。但是博物館屬於公共設施建設它自身的盈利能力是很弱

的。所以只有帶動了城市裡相關產業的發展才能使博物館自身得到發展。

3.「古根漢模式」的經營策略

「古根漢模式」的經營策略總結起來有七個方面。第一，站在世界文化的高度提出自己的發展戰略，打造國際文化品牌，同樣也就造就了博物館本身的國際地位。這與經營者的理念相輔相成。第二，作為西方現代藝術博物館，過去其關注的視點放在西方的現代藝術上，特別是印象派後抽象藝術、超現實主義藝術的範疇；現在則關注全人類的藝術，極大地拓展了藝術視野，創造了更加廣闊的展覽天地。第三，強調展覽規模，樹立精品意識，不斷推出國際性的開發專案，與眾多國際著名美術館、博物館合作。第四，所羅門·R·古根漢基金會擁有一批高素質的工作人員：他們提倡嚴謹的團隊精神；對藝術作品具有高超的鑒賞力，對市場前景具有前瞻性的判斷力；同時，他們在充分論證的基礎上制定嚴密的策劃方案，使展覽計畫具有挑戰性、超前性和可操作性；第五，重視新聞媒體的宣傳作用，利用報紙、雜誌、電視、廣播、新聞發佈、廣告宣傳等各種手段造勢：「古根漢」的每一次大舉措都在世界範圍內傳播。第六，注重拓展展覽的派生產品，充分挖掘展覽的附加值，派生產品的火爆銷售反過來又擴大了展覽本身的影響力，形成環環相扣的互動效益。第七，古根海姆博物館的國際品牌、文化經典、成功運作贏得國際財團和金融、運輸、媒體巨頭的興趣和參與，甚至形成一些固定的贊助群體，這些群體也在贊助中保持和提高自己的知名度。

四、古根漢博物館給人們帶來的思考

古根漢博物館給人們帶來的啟示是首先要注意到一個細節，就是每當「古根漢」向前發展一步都會引起爭論。不管是要不要將博物館做成品牌推廣，這是不是會使博物館這種嚴肅的地方變得輕佻，在是否要將博物館融入城市，城市建構成一件藝術品，對於許多城市居民來說還是意義不大。因為大多數人對當代藝術作品並不感興趣，也不見得知道如何欣賞。等等的質疑，以至於有人認為這種看似自然的合作模式，其實揭露出強烈的文化侵略跡象，他們輸出的是種自以為是理念，一種脫胎於美國所謂自由精神的主張，一種古根漢式的方法論。說穿了，就是後殖民理論中典型的文化殖民政策。

首先爭論的背後，凸顯了「古根漢」的創新與開拓，為什麼要引起爭論，因為前人沒有留下印記，大家無章可循。所以才會爭論，但是「古根漢」成功了，它為博物館類自身盈利差的產業園區找到了解決問題的途徑。這就是我國產業園區應該借鑒的。

在我國產業園區的發展過程中應該注意以下幾點，首先：要著力打造自己的品牌，品牌的價值是無窮的。第二要融入所在的環境，對周圍的環境起到帶動的作用，使園區與周圍的環境或者城市融為一體。這樣有利於園區和城市兩方的發展。

結論

　　Guggenheim Museum（古根漢博物館）是目前全球最頂尖的藝術博物館之一，也是唯一的以連鎖方式經營的藝術場館。它開創了博物館「品牌」和「連鎖經營」的雙重先河，是行業的開荒者。此外引導藝術融入環境，拉動周邊產業發展，這些都是有示範作用的。

紐約 SOHO 區

SOHO 是當下社會上比較流行的辭彙，SOHO 代表一種自由、彈性而新型的工作方式。SOHO，代表一種新經濟、新概念。它專指能夠按照自己的興趣和愛好自由選擇工作的、不受時間和地點制約的、不受發展空間限制的白領。更重要的是反映在能否按照自己的興趣和愛好去自由的選擇工作，反映在所選擇的工作是否有著極大的發展空間等等，不過提到 SOHO 的由來就不得不提紐約的 SOHO 區，這是美國最知名的創意園區之一，它經歷了從萬畝地獄到藝術家的天堂的轉變，最終形成了一種理念。

一、紐約 SOHO 的歷史與現狀

SOHO 是英語單詞 SOUTH OF HOUSTON 的縮寫，它的原意只是一個地名，指的是處於紐約下城 HOUSTON 街南。縱觀其發展大致分為三個階段，在美國南北戰爭之前，這裡是是早期移民休息療養的絕佳地點。第二階段是南北戰爭之後直到第二次世界大戰時期，在這個階段，這個地區建起了大批鐵鑄的廠房並鋪就了一條條鵝卵石街道，成為國際知名品牌的加工廠和藝術展覽區。19 世紀晚期，隨著國際知名品牌移到紐約中城，這個地

區被大的工廠和商人所佔用，SOHO 不再適合居住。20 世紀 30 年代，紐約市政府計畫修建跨越東河到哈得遜河的下城快速路，SOHO 的大部分地區都可能受到影響。但在其後的 30 年間，該計畫都沒有確定方案，受這種不確定性的影響，商家紛紛搬離該區，該區發展停滯，房屋不再維修，合約不再延續，一些工廠為了取得保險甚至在合約到期前焚燒自己的廠房，SOHO 區成為破舊的、以血汗工廠聞名的「萬畝地獄」。最後，自上個世紀紐約市政府重新將這個地區劃為居住區，並規定只有在紐約市文化局註冊的藝術家才可以在此居住。從此 SOHO 走上了藝術復興的道路。全盛時期，面積不足紐約市區 1％的 soho 區內，居住全紐約 30％以上的藝術家。

現在 SOHO 區成為一個集商業與藝術於一體的完善社區。在這裡不僅有近 600 家各具特色的百貨服裝、飾品店，以 SOHO 中心區的百老匯大道為例，特色店有 50 餘家，經營範圍包括珠寶、服飾、化妝品、家居用品、文具及百貨等；各式餐館逾 100 家，囊括了世界各地的風味美食和高級主題餐廳。世界最知名的品牌如 PRADA（普拉達）、CHANEL（香奈爾）、LOUIS VETTON（路易威登）早已登陸這塊黃金商業區。還有無數充滿個性的小商店伴著不計其數的歷史古跡坐落在這裡，甚至一些小店就置身於小屋中，賣著他們獨特的貨品，此外這裡依然擁有 30 餘家畫廊，當然其中包括 18 家商業畫廊。使這裡同樣充滿了藝術氣息。藝術與商業在這裡水乳交融，既是紐約 SOHO 區現在的真實寫照又是它的一大特色。

二、商業與藝術並存

為什麼 SOHO 能有如此的影響力，究其原因 SOHO 解決了一個所有藝術聚居地共有的難題，這也是導致很多藝術區沒落或者受到影響的原因，那就是：商業與藝術如何共存？從我國的實例來說不管是「798 藝術區」還是「大芬油畫村」都無一例外的面對了藝術和利益如何共存的這一棘手問題。大芬村偏重於商業，798 偏重於藝術，但是他們都曾面對危機都沒有找到最理想的解決方法，而 SOHO 卻將商業與藝術完美的結合，這堪稱藝術園區的典範。

1.SOHO 的藝術底蘊

商業和藝術是兩種截然不同的東西，美國是世界第一經濟強國，商業的實力自不必說，而且作為全球最大的文化創意產品生產國，美國文化創意產業是對經濟增長拉動最大的產業門類，也是全美出口份額最大的產業，其發展很大程度上依賴版權制度的保護。作為地處美國第一大都市紐約的 SOHO 區來說要擁有藝術和商業就要先擁有一個藝術的底蘊。

如上文所述，SOHO 經歷了一段「萬畝地獄」的發展時期，當然，此時的 SOHO 也成為商業開發最成熟的時機。不過首先進駐 SOHO 的不是商業，而是藝術。二戰期間，大批歐洲的藝術家為躲避戰火來到美國。戰後，雄厚的經濟實力和對現代藝術的包容又吸引了世界各地的大批藝術工作者來到美國，為美國戰

後的藝術繁榮奠定了堅實的基礎，究其原因，對於大部分貧窮、孤單、自由的藝術家而言，他們需要寬鬆的文化氛圍，自由流動而又方便相互交流的環境，廉價而又寬敞的空間。這些地方不會是城市中繁華的商業區，而當時 SOHO 一樣，是個被遺棄的破舊廠區，它當然具備這個條件而且得天獨厚。所以一些主要由畫家和雕塑家組成的藝術家陸續非法搬進 SOHO 區，把這些空置的工廠變成工作室。直到 1971 年，紐約市政府重新將這個地區劃為居住區，並規定只有在紐約市文化局註冊的藝術家才可以在此居住。這裡「藝術聚集區」的身份得到了初步的體現。藝術家們在這裡營造出了藝術的氣息，也為這裡奠定了濃厚的藝術底蘊。

2.SOHO 的商業發展

美國是頭號資本主義強國，在 70 年代初，權且不說紐約作為集世界金融、商業、旅遊、娛樂之都為一體的「世界之都」具有極大的資本吸引力。單指 SOHO 的吸引力也足夠了。追求利益是資本家的本質，所以一些名牌產品相繼進入 SOHO 區，比如 PRADA（普拉達）、CHANEL（香奈爾）、LOUIS VETTON（路易威登）早已登陸這塊黃金商業區。這個局面使 SOHO 也面臨了與其他藝術聚集地同樣的問題：由於旅遊者增加、房租上漲，大部分自由的、窮困的藝術家們不得不搬離這個他們自己創造的區域，先後進入更便宜的翠貝卡（TRIBECA）、東村（EAST VILLAGE），甚至向東跨過東河到了布魯克林區的 WILLAMS-BURG 和 DUMBO。但是卻有一部分畫家或畫廊堅持了下來。這也為商業與藝術的融合打下了基礎。

3. 商業與藝術的融合方法

很多藝術區都面臨著商業與藝術的抉擇問題，但是很少有園區能像 SOHO 這樣將商業與藝術完美的融合。下面我們就來探索一下 SOHO 的成功之道。

首先，不容否認的一點是 SOHO 區商業發展源於藝術、受益於藝術，沒有 60、70 年代的藝術繁榮，也就沒有 SOHO 今天的商業繁榮。而 SOHO 的獨特在於它不是藝術區，藝術卻無處不在。藝術浸透到 SOHO 每一條街道和每個 SOHO 人的細胞中，這裡的每個商家都使出渾身的解數顯示自己商品的個性和藝術品位。這是一種藝術積澱的產物，在這裡藝術已經昇華成一種氛圍。就連那些國際知名品牌的服裝店也不得不迎合這種氣氛，專門為區內專賣店設計專門的服裝，而不是任何一家大商場或賣場裡隨處可見的大路貨。或許我們可以更形象的稱之為藝術商業區。到這裡的顧客不會是單純的品牌追逐者，而是特色商品的探索者，也就是說這裡的藝術氛圍不光感染了商家，同樣感染了顧客。從經濟學的角度上來分析這個問題，我們可以理解為這個藝術區的客戶群主體定位是「藝術愛好者」。用一句話概括就是：SOHO 利用藝術的積澱，營造藝術的氛圍，打造藝術商業區。

其次是商業資本利用了 SOHO 的藝術品牌。SOHO 從藝術園區轉為商業區的經濟基礎，在於其藝術品牌的商業價值。這依然是我們多次強調的話題：資本對利益的追逐是永恆的。之所以 SOHO 可以使商業和藝術並存一個重要的原因就是：藝術對於資本有利用的價值，也就是說 SOHO 的藝術品牌對資本的運作有巨

大的幫助。簡明的說就是一種明星的品牌效應。比如著名藝術家查克·克勞斯就是 SOHO 的金字招牌，他在 SOHO 從一個一文不名的學生變身成為名滿世界的名家，現在他的作品已被 31 家博物館收藏，價值上億美元。這不管對於 SOHO 本身還是對商業資本來說，本身就是一筆無價的寶藏。更何況還住過數不清的現代藝術家。所以 SOHO 本身已經發展成為藝術的聖壇，是所有藝術家嚮往的地方，是所有崇尚藝術的時尚人物所追逐的地方，在藝術領域它已經具有了全球知名度。而且這種由藝術所凝成的品牌所具有的巨大商業潛力，像磁鐵一樣吸引著全球的商業資本。這也是 SOHO 能使商業與藝術水乳交融的另一個原因。

三、SOHO 的成功帶給我們的啟示

當 SOHO 成為美國現代藝術的中心，來此淘金的遊客吸引了時尚店和各類酒吧的進駐。這裡畫廊集中，各種名牌時裝、設計、配件商店的設計風格也都在獨特性上下功夫，在 SOHO 區的遊客處處可感受創意和靈感的流瀉，甚至坐品咖啡閑看人流都是一種密集的視覺享受。

SOHO 區的特色是商業和藝術的融合，在上文中我們已經分析了營造藝術氛圍和利用藝術價值是 SOHO 成功的兩條途徑，但是這只是就事論事的個案，或許是推廣不來的。因為藝術的底蘊需要積累，說得通俗一些就是需要時間的積累。可以說美國自獨立戰爭之後經過一百多年的積累才有了今天的所謂底蘊，這一點不是每個藝術區都可以做到的。還有一點更重要，藝術是精神層

面的東西，它是建立在物質保障的基礎之上的，只有當人們的物質得到滿足才會有藝術，美國是第一經濟強國是有物質保障的，這才是它融合的前提。

　　紐約 SOHO 區想在寸土寸金了曼哈頓生存並不是件容易的事，這裡無論是房價還是地價都高的嚇人。

單位（萬美元）

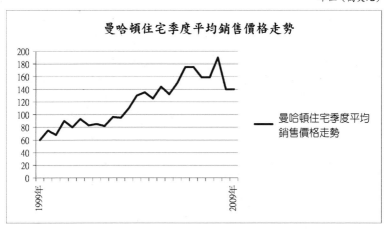

資料來源：地產評估公司：米勒-塞魯爾

　　從圖中 1999 年到 2009 年的十年間曼哈頓房價漲了幾倍，2003 年 12 月份一個不到 30 平方米的小公寓，當時的價格是 14.5 萬美元。而短短的 18 個月內，同樣的小公寓的售價已經漲到 20 萬美元。1995 年到 2004 上升了 141%，2004 年的平均價格超過了 100 萬美元。到 2008 年的峰值達到近 200 萬，雖然近年的經濟危機使房價回落，但是效果並不十分明顯。

　　而紐約的地價也十分昂貴，美國派克大街一個小專賣店辦公樓 2007 年的售價已經達到 1600 美元／平方英呎，總價達 5.1 億美元。形成鮮明對比的是，2002 年該地塊售價為 492 美元／平方英呎，總價才 1.58 億美元。在美國的商業空間，它被認為是一個天價。在過去幾年，曼哈頓地區的寫字樓出租價格飛速上漲。在最昂貴的商業地段，A 級寫字樓的平均出租價格已經達到 75 美元／平方英呎。三年來，出租價格已經上漲大約 40%。SOHO 能在如此黃金的地段取得成功可見其商業與藝術的融合，有多麼的成功。

　　SOHO 告訴我國的藝術園區，當然還有產業園區一個方法——尋找吸引資本的亮點！一個園區怎樣解決資本問題，怎樣能為園區帶來資本的注入？它需要亮點，需要讓資本找到可以利用的地方。因為資本對利益的追求是永恆的。商業資本看到了 SOHO 的藝術品牌，看到了 SOHO 的藝術名家，他們不請自來。

　　相對於 SOHO 來說我國的藝術區不管是「798」還是「宋莊」他們不缺少藝術，他們缺少一面旗幟，SOHO 的藝術家就是它的旗幟，一個人從默默無聞到億萬富翁，本身就是個傳奇。它能讓資本看到它的價值，這就是旗幟。另外「商業藝術」也是一種創新。總的來說是藝術融合了商業而不是商業腐蝕了藝術。

總結

　　紐約 SOHO 藝術園區的成功典範開創了「商業藝術」的成功實例將藝術和商業完美的融合。為其他園區提供了解決利益

和藝術直接衝突的途徑。同時也給我國的藝術園區很大的啟示：樹立自己的亮點，展示自己的旗幟，商業資本不請自來。另外 SOHO 以自身實踐告訴我們一個信條：是藝術融合了商業而不是商業腐蝕了藝術。

紐約大都會博物館

　　博物館是城市中文化、藝術和歷史交匯的場所,是個莊重
而神聖的地方,同時博物館也應該是普及知識,為市民服務的便
民公益性場所。這就意味著多數博物館是依靠政府的補助維持經
營。為了生存一些博物館走上了商業化的道路,這一舉措使一些
博物館獲得了新生但是商業和公益上的衝突使其漸漸失去了博物
館的本色。相形之下有一所博物館確是十分特殊,它沒有走上商
業化的道路,也沒有過分依靠政府的幫助但是它卻將人們的需要
放在首位,這就是紐約大都會博物館。

一、紐約大都會博物館的歷史與現狀

紐約大都會藝術博物館又稱「紐約城博物館」、「都城藝術博物館」。是目前西半球最大的博物館。初建於 1870 年，後又多次擴建，占地 8 公頃，為北京故宮博物院的 1/9，但展出面積很大，不下 24 公頃，反而是故宮博物院的兩倍。僅畫廊就有 200 多個，藏有 36.5 萬件各類文物和藝術品。主體為哥特式建築，其規模可與法國羅浮宮博物館和英國大英博物館相比。全館分占三層樓，設 234 間陳列室。收藏近 5000 年來各種文物，主要有埃及藝術、希臘羅馬藝術、東方藝術、西歐藝術、伊斯蘭藝術、美國藝術等部門，還附設有少年美術館。用一句話簡單的概括：大都會博物館那便是只花了一百多年的時間，而它的收藏水準已經和大英博物館、羅浮宮等世界一流的博物館媲美。

二、紐約大都會博物館的經營理念

大都會博物館的經營理念將「為公眾服務」作為博物館的核心要素。為公眾服務就是大都會博物館的最核心的經營理念。博物館把「顧客是上帝」理念注入管理服務中，其職責與其說是管理，不如說是服務。博物館強調教育功能，提供教育為目的、以人為本的服務，是每個人的「終身學校」和「生動的百科全書」。

大都會博物館的公共服務的基本專案包括：建議門票，不收固定門票費，採取建議捐助的辦法。建議門票成人 20 美元 . 老人

15 美元，學生 10 美元，12 歲以下兒童（由大人陪同）免費，雖然是建議門票，但幾乎人人都自覺買票。門票免費是公益性場所或者說「為人們服務」的最基本也是最難做到的要素，因為如果放棄了門票的收入就等於放棄了相對來說最穩定的收入，這是需要極大的勇氣和決心的。

就算是在金融危機大都會博物館資金遇到嚴重的困難時，他們也仍然在堅持這一宗旨。博物館在一封給民眾的電子郵件中聲明，他們仍將繼續承擔博物館對公眾的責任。郵件中稱：「大都會仍然是那些龐大收藏的安全存放場所，而且將會是一個提供教育、啟示和光明的避難所——給全美國乃至全世界的參觀者。特別是在這樣的時候，參觀者更需要從我們這裡獲得安慰和靈感。」總之，免費開放和教育市民是大都會博物館「為公眾服務」的經營理念和核心要素的體現。

三、大都會博物館的經營策略

大都會博物館最值得稱道的不是它有多少館藏，也不是它有多麼好的服務，而是博物館的經營之道。大都會實行的是建議票價制度，也就是說如果你不願意付錢也可以免費參觀。所以大都會的門票收入只占 20％。而且博物館沒有國家的補助，紐約市政府每年也僅有少量的補貼，每年正常開支高達 1 億多美元。如此龐大的資金缺口卻沒有影響博物館的運營，博物館也依然有聲有色的經營。這不免讓人們對它的經營之道十分好奇。下面我們一起揭開它神秘的面紗。

1. 社會公益事業的贊助

大都會博物館的資金構成

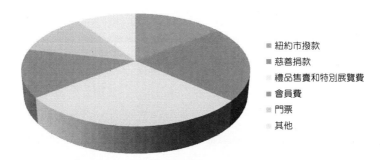

- 紐約市撥款
- 慈善捐款
- 禮品售賣和特別展覽費
- 會員費
- 門票
- 其他

　　原來大都會博物館的資金構成是「紐約市撥款 15%，慈善機構捐助占 22%，禮品售賣和特別展覽費 29%，會員費 14%，門票費 12%，其他輔助活動收入 10%。其中慈善機構捐助占不小的比例大約 22%，這些機構很多是養老院、修道院等，美國的老年人把一生的積蓄不是留給子女，而是奉獻給社會公益，奉獻給自己熱愛的藝術。為此大都會博物館專門設立了公關部門來負責募款。事實上，籌集經費一直是大都會博物館館長工作的重點之一。

　　當然社會公眾的捐款或者是企業的捐款大部分是個人素質和涵養的問題。是社會民眾回報社會的一種表現，同時也是美國社會氛圍的影響，但是不可否認的是大都會博物館以服務民眾為核心的經營理念和博物館所擁有的社會責任感同樣起到了不可估量的作用。這種以服務人民為經營理念的做法為大都會博物館提高

了社會形象和社會公信力，間接地為博物館贏得了更多的捐助，可以說博物館獲得的捐助與博物館的理念是相輔相成的。

2. 商品的銷售

　　大都會商品的銷售和特展的收入占到了博物館總收入的29%，這是非常高的比例。在博物館中的商店最初一般只出售書籍和明信片之類的東西，名稱也通常為書店，銷售的書籍以普及類讀物居多。紐約大都會博物館率先經營起其他「與博物館相關」的商品並大獲成功，例如出售藝術複製品等等。這麼做的好處是拓寬了博物館商品的收入管道。大都會博物館還擁有一流的禮品店、書店和紀念品開發部門，每年聖誕旺季的收入甚至超過百貨公司。大都會藝術博物館還將它的大廳租給公司、特定的個人及產品行銷業者，以獲得營運所需的收入。如今，大都會博物館每年藝術品開發的銷售額就達到四、五億美元。但是，出版經營書籍仍是其商品部的主要業務。紐約大都會藝術博物館除了底層的商店，還在不同主題的展廳出口，設有專題銷售部。這裡出售的書籍、藝術複製品等商品只和你剛剛看到的展覽內容有關；正因為觀眾剛剛看完了某主題展覽，就更需要這方面專門的內容去幫助深化理解剛剛的參觀。這些商品設計精巧、蘊含濃厚的文化品位，因此深得觀眾喜愛。仔細觀察，很多飾品、擺設都是「made in China」，在中國工廠僅僅是以幾元人民幣成本的物件，到了這裡就可能是十幾、幾十美元。而也因為其文化因素，價格也自然得到提升。這些都是文化讓商品增值的典型例證。

可以說大都會在商品銷售方面也是很有心得的，它擺脫了古板的商品享受模式而將商品銷售和藝術品相結合，與博物館的特展相結合，這樣做可謂一箭雙雕，讓商品擺脫單純的紀念意義，成為宣傳博物館的工具。這亦是大都會的經營創新之一。

3. 發展會員制、義工制

大都會博物館的另一項措施就是招募會員，當然我們首先要瞭解人們為什麼要成為博物館的會員，會員對於一些專業研究人員、畫家、收藏家、文博愛好者等收取一定的會員費，組織這些會員開展文化沙龍和研討交流活動。如果經常有專業研究人員出沒博物館和普通參觀者進行交流，或者是能看到一些畫家在專注地畫一個藏品，這本身就是對博物館文化內涵的一種外在表達。當然學生和市民也是可以成為會員的。大都會博物館則分 12 種基本會員和 4 種法人會員，會費學生 45 美元，普通會員 50 美元。2006 年有全國會員 3.6 萬人，最高會員費 2 萬美元，全國現在共有 12.5 萬名會員。會員資格均為一年有效，須每年交納年費，一般沒有終身會員。作為博物館會員，將享有不限次數免費參觀和購物打折的基本權利。

發展會員也是捐款者的一部分而且會費收入具有來源穩定、無限制條件的特點。每位會員都是潛在的捐款者，所以其帶來的收入不僅僅是會費。此外大都會博物館還會招募義工，不同年齡不同職業的義工，對所有參觀者都很親切、和藹，顯示出「為公共服務」的博物館理念。

四、大都會博物館帶給我們的啟示

　　大都會博物館現代化的展覽空間和高效率的營運管理，以及成功的募款模式，一直讓歐洲的同行豔羨，同時也給我們帶來了思考。美國的文化和我們的文化有差異，而大都會博物館也確實收到了政府的照顧（主要體現在稅收方面）但是大都會博物館，或者說美國博物館的成功確實值得我們深思。

　　首先，博物館的公益性，在美國，很多大的博物館都是免費的，或者門票低廉，真正的面向公眾。在美國早期的博物館事業中，當時的基金會和贊助人之所以願意拿錢出來，一個很重要的原因是覺得它甚至有可能取代宗教機構，成為幫助新的移民建立一種家庭的和社會的價值的一個重要紐帶。博物館在一個國家可以成為文化成就的象徵，成為精神價值的象徵系統。因此，教育成為博物館的重要任務，70％的博物館專門有人負責教育專案，88％的博物館為幼稚園至高中的學生提供教育項目，每年有5000萬學生參加這個項目。博物館每年用於學生教育專案的開支多達1.93億美元，教育時間至少400萬小時。

　　而在我們國家直到2009年才有部分博物館開始了預約免票的服務，當然美國民眾會自覺地買票這是個人素質問題也是宗教信仰問題，但是這同樣也是社會氛圍的問題，國家和政府是有責任在社會上營造和提倡這種社會氛圍的。

　　其次，還有更重要的一點我國的博物館的經營狀況幾乎都很差，絕大多數是依靠政府的資金度日，但是美國的博物館並不

是這樣。美國的博物館可以特展行銷，就是博物館一直都在常規展覽之外還有特別展出活動，比如某某大家書畫展、埃及女屍展等。這些展出一般另外收費，而且因為有一些商業展覽公司和國外的合作，所以早就是博物館商業化做得比較好的部分了。也可以藏品行銷即：博物館不僅要會把其他博物館的藏品和展覽引進來，還要利用自身的藏品特點，組織策劃能走出去的專題展覽。還有募捐行銷、服務行銷等等這些都可以為博物館帶來豐厚的利潤。這也都是我國博物館應該從大都會博物館和美國博物館身上學到的。

最後一點，從大都會博物館的發展來看，我國博物館一定要明確，博物館不是一個商業機構，博物館的職能應該把服務民眾放在第一位。

結論

博物館在適應社會發展的漫長歷程中，形成多職能的文化複合體。隨著社會的發展，博物館的職能仍在不斷地發展變化之中。博物館的新職能、新形態、新方法、新的收藏物件也不斷地出現，博物館的宗旨應該是為民眾服務，所以公益性是博物館的最大特徵，而大都會博物館是美國公益性博物館的典範。它以服務民眾為宗旨開源節流，以自身的力量維持著自身的正常運轉，是世界公益性博物館的典範。大都會博物館的成功就在於它在保證服務於民眾的宗旨下維持了博物館的運轉正常。他開創了將博物館藝術融入商品銷售的先河，並取得了成功。這是它的成功之道，也是其最值得稱道的地方。

紐約現代美術館

　　當今的博物館大至可以分為兩類：商業性的博物館和公益性的博物館。而紐約作為世界上最繁華的大都市之一，同時見證了兩類博物館的成功，大都會博物館是公益性博物館的代表，而紐約現代美術館也是商業博物館的又一成功典範，本文將帶領讀者感受它的成功。

一、紐約現代美術館的歷史

紐約的現代美術館（Museum of Modern Art，簡稱 MOMA）。建於 1929 年夏天，當時由三位女士 Lillie P. Bliss，Mary Quinn Sullivan，Abby Aldrich Rockefeller 共同創設，並將此館開放給公眾參觀，同年 11 月 8 日正式開幕。而這時紐約的其他博物館尚未致力於收藏現代藝術作品，就連現代藝術博物館的開館作品，也只有收藏家贈送的八件油畫與一件素描作品。經過一段時間的發展，博物館搬到紐約西五十三街一棟 5 層小樓作為駐地。創建之初的博物館，完全利用現有設施，都不是專為藝術博物館量身定做的。那時博物館的規模不大，但是吸引了不少觀眾。

1936 年，博物館買下小樓的產權，又購置了小樓旁邊的 3 塊基地，委託古德溫和斯東設計全新的館舍，並在 1939 年 5 月向公眾開放。這是現代藝術博物館第一代建築，至今它還在扮演正立面的主角，首層是入口大廳。白色大理石和金屬玻璃構成的立面，看不出樓層劃分，平滑抽象沒有凸出凹進，不帶表現。

經過幾十年的發展，紐約現代美術館發展成了從繪畫、雕刻、素描、版畫、電影、攝影照片到建築模型和工業設計圖形收藏的大型美術館，從凡‧高和畢卡索的畫作到最新的直升機和多媒體藝術品，收藏品達十萬件以上，擁有世界最為完整的現當代藝術藏品。

二、紐約現代美術館的現狀

上個世紀在 90 年代後期和 21 世紀初紐約現代美術館進行了擴建。在 1997 年的國際建築競賽中日本建築師谷口吉生內斂大方的設計案脫穎而出。但是預算達到了 6.5 億美元，單是長島修建皇后區分館作為臨時美術館和長期存儲設備就花費了近 1 億美元。儘管耗資巨大不過擴建工程還是在 2001 年春工程還是開工，經過 4 年時間耗資 8.58 億美元後終於完成。新館的面積增加一倍，提升至 60 多萬平方英呎，展覽空間亦由 8.5 萬平方英呎增加至 12.5 萬平方英呎。票價由原來的 12 美元升為 20 美元，紐約現代美術館館方希望參觀者人數能從以往平均每年 100 萬人次提升到每年 250 萬人次。這次整修他們也新裝了大量高科技裝備如無線上網系統、數位解說系統等，為觀眾提供更好的服務。

現在博物館的收藏包括 15 萬油畫、雕塑、圖畫、出版物、照片、建築模型和圖案，22000 部電影和 100 萬張電影劇照。研究圖書管儲藏了 30 萬本圖書和現代藝術歷史檔案。博物館裡的很多工作都可以在網上操作。現在很多藝術家關心 MOMA 如何使用他們的作品，因此在滿足公眾瞭解讀和尊重藝術家意願之間，MOMA 需要尋找一個平衡點。

在改擴建之後，紐約現代美術館的繪畫、電影和新媒體藝術、建築和設計、油畫和雕塑、出版和圖書以及攝影部門都推出了重新設計的陳列展覽，展示了館藏現當代經典藝術作品，讓曼哈頓再次成為藝術界的焦點。這次擴建不只令 MOMA 從裡到外

煥然一新,更讓許多過去只能委屈在儲藏室裡的藏品得以公開展出,使得 MOMA 更有知名度。

　　現在的紐約現代美術館似乎在引領著紐約的一種藝術潮流,MOMA 擴建時期在曼哈頓不知不覺形成一股說不上來的文化空巢期,雖然這段時間 MOMA 在皇后區暫時的家很努力的經營,邀請新舊朋友們轉個彎體驗一下現代藝術與工業環境的共鳴,但是不管是藝術家還是遊客總感覺心中的距離遙遠。沒有在曼哈頓時期的親切感,這證明了紐約現代美術館對紐約文化的影響。現在來自 MOMA 的風吹草動,往往成為其他美術館的風向指標。

　　MOMA 從建築風格上能讓人延伸出一種四面八方的穿透感和輕盈感,這種輕盈感和朝向光源定位的本能到處充斥在 MOMA 的每一個樓層空間裡,五層樓的展示空間環繞著挑高的中庭,形成一道開放的空間,不管你身處哪一個角落或是樓層,似乎都可以輕易地找到定位,面向中庭鏤空的牆面,呼應著建築整體的輕盈。三樓的特色是建築和設計藝術,這是從建館之初就有的部門,因為建築和設計應該是純美術的一環,獨立的藝術風格,同時也是現代文化之鑰。所以這裡可以說是美術館在藝術上的精髓所在,這裡的藝術呈現出多元混雜的聲音,但是其實每一個時期似乎又能歸納出作品之間內在的關聯性。

三、紐約現代美術館的經營理念

　　MOMA 的靈魂就是兩個字「設計」,不管是它的外形還是它的藝術品都能給遊客和藝術家設計出一個幻想的空間。自 1929

年創始之初，博物館的館長就立志要為世人提供一家「世界上最偉大的現代藝術博物館」，幫助人們享受當下時代的視覺藝術。而 MOMA 的使命，就是把當代設計之概念傳送給普羅大眾。這也是它最根本的經營理念。MOMA 是一個在藝術領域高高在上的學術權威，卻有著平易近人的身架，無形中亦體現了它自身的設計理念。縱有如何高深的理論，MOMA 所崇尚的設計總是與人、和人類生存的環境，以及生存的空間息息相關。對 MOMA 來說，設計師是感知時代方向的 弄潮兒，設計是不斷挑戰人類人文尺度的標竿。

四、紐約現代美術館的經營模式

MOMA 的經營理念是把當代設計之概念傳送給普羅大眾，所以它的經營模式是要圍繞這一主題的。而為了達到這個目的美術館使用了一種非常獨特的方法。

1. 利用商店傳播藝術

將藝術和設計傳達給大眾承擔這個傳輸任務的，除了博物館成千上萬的經典館藏外還有美術館的商店，這是個非常經典的創意，因為鼎鼎大名的 MOMA 商店是一個不可忽略的媒介。MOMA 商店之大名，毫不亞於博物館本身，並且擁有自己的忠實愛好者。MOMA 和傳統的博物館的區別在於，它不像其他的博物館主要還是傾向於非營利性質的經營，儘管他們也有禮品店，但畢竟比重很小。MOMA 則恰恰相反，它是用其概念形態

延展出旗下的相關商業店面。MOMA 商店事實上就是 MOMA 收藏的一個延生展臺，店裡的很多東西都是 MOMA 收藏的設計品，同時美術館也非常注重材料的創新使用。

　　MOMA 商店和其他設計商店以及任何博物館商店最大的不同就是，商店裡的每一件貨品都必須經過 MOMA 設計與建築部門策展人的首肯。這也就導致全世界的設計師們都要為自己的貨品進 MOMA 商店而歡呼雀躍，因為有了 MOMA 策展人的肯定，就等於是對自身設計莫大的榮譽，商店櫃檯和博物館展臺幾乎是一個級別的。

　　總的來說就是美術館把商店變成了展示自己的舞臺，背靠強大館藏的 MOMA 商店，不僅代表了博物館的風格，也代表了這個城市的風格。除了充分展示當代經典設計，商店還一脈相承博物館的教育責任，非常注重和新設計師們的合作，把他們請進來，並且呈現給整個世界。零售部的工作人員耳聽四路，眼觀八方，周遊世界，就是為了尋找能夠體現 MOMA 設計理念的當代設計。將商店也融入藝術這種一舉兩得的方法使美術館名揚四海。

　　首先將藝術融入商店拓寬了博物館展示的平臺，其次為美術館增加了收入。因為對於顧客來說，在 MOMA 購物就等於說是花錢把博物館的館藏給買回了家，等於說是把獲得全球設計權威評判滿分的冠軍給捧了回去，還有什麼比這樣的購物更能讓人徒生成就感的嗎？這會大大的刺激參觀者的購物欲望。為博物館帶來收益。

2. 發展會員制度

　　新、老會員是 MOMA 經營的關鍵，而會員制度是以培養觀眾的忠誠度為最終目的，以博物館的長期利益為基礎建立起來的。現在許多博物館都採取會員制以穩定長期觀眾，而觀眾也希望能通過會員制得到更多優惠。每年會員的年費是 75 美元（單次的門票是 20 美元），會員可以享受優先進入展覽館和館內禮品店的折扣等優惠。會員申請可以在博物館的大廳的辦理處即時辦理，並現場列印出會員卡。POS 系統與會員資料庫相連。2006年 MOMA 的資產已經超過 15 億，運行收入達 1.33 億。那年，MOMA 從門票銷售上賺取了 2100 萬，會員收入 1400 萬。博物館每年的參觀人數大約是 2500 萬人。會員是一個博物館穩定的收入來源。而且會員是潛在的消費群體發展會員是博物館發展的基礎，另外會員也會帶動博物館商店的發展。

3. 利用網路推廣

　　MOMA 通過網路的建設，當 MOMA 網站開通了搜索功能後，網站的交易量提升了 15%。現在，40% 的參觀者通過網路流覽了電子展覽館。博物館也設法通過各種管道使 MOMA 觸及到盡可能多的受眾。在 iTunes 上，提供博物館的音頻旅行和解說詞。一開始，在維基百科上「博物館」詞條下，並沒有將 MOMA 作為鏈結頭條。但在 Peltzman 做了改變之後，MOMA 的網站變成了任何對現代藝術感興趣的人的必停的一站。

五、現代美術館的特色

曾經有學者指出：雖然 MOMA 努力地計畫將它在現代藝術的領導地位向前推到當代的範疇，但是館方似乎還是不能夠清楚的為過去 30、40 年的藝術定位，因此一些陳列在當代樓層的代表性作品散佈在同一層空間內卻變成各說各話，最終落得彼此相互抵銷。或許過去一個世紀以來，美術館功能表式的陳列方式一旦照單應用在當代藝術作品上，便會顯得力不從心，這也是大型美術館本身不可避免的挑戰。那麼 MOMA 面對這些挑戰做出的回應是：從建築風格到內部的設計由外及內讓建築與藝術融為一體。這也是 MOMA 最與眾不同的特質，它把藝術、建築和設計等所有和視覺藝術相關的領域都緊密結合起來，共同呈現在觀眾面前。設計和建築，始終是 MOMA 的重頭戲，MOMA 也因此在這個兩個領域具有不可忽視的引領作用和權威姿態。MOMA 著力於打造代表神秘時尚且現代的外觀體現現代建築風格。以引領現代藝術，為自己做出準確的定位。經建築與藝術融合也是現代美術館的特色。

從 19 世紀到今天，博物館大多藏身在老建築裡面。新建，純為博物館功能而建設的新建築，一直到 20 世紀初年，還是古典建築的模樣。而 MOMA 博物館背面的五十四街上新開了入口，頗有八方迎客的架勢，然而兩個面臉都不招眼，體現了巨鱷才有的自信和篤定。一進大堂，卻是豁然開朗的寬敞空間和明亮採光，如曼哈頓中城的街道，輕鬆而休閒；屹立著名家雕塑的花

園令遊客難能可貴地感受到大自然氣息。MOMA 設計整體來說呈現出一種把空間還給藝術與人的謙卑美學，整體來說顯得明亮而有生命力。這樣的建築充滿了藝術氣息。

MOMA 在館藏方面也擁有自己的特色，歸結起來就是以現代藝術收藏為核心以建築和設計藝術為重點。而且相對於其他博物館的厚重 MOMA 的藝術清爽了許多，充滿了現代氣息。紐約現代藝術博物館的主要收藏品分六大部分：油畫與雕塑、攝影、影片與傳媒、建築與設計、印刷品與指南書、繪畫藝術。MOMA 最著重的以現代藝術收藏為核心而訴說的現代藝術的故事。第五層的展示空間集中在從 1880 年到 1940 年現代藝術的先鋒藝術家的作品。它們反應當時極劇變遷的環境對個人生命的思考和挑戰，從而衍生出的多樣的美術運動。

建築和設計藝術是這裡的重點，MOMA 的第一任館長於 1932 年一手成立建築與設計部門，他認為建築和設計應該是純美術的一環，獨立的藝術風格，同時也是現代文化之鑰，因此這個部分展出從 19 世紀中期一直到 20 世紀下半葉的設計風格。還有比較年輕的當代藝術收藏，作品以編年的方式從 19 世紀 70 年代一直到 90 年代，這些藝術家們追尋自由的表現方式。

利用商店傳播藝術也是 MOMA 的一大特色。背靠強大館藏的 MOMA 商店，不僅代表了博物館的風格，也代表了這個城市的風格。除了充分展示當代經典設計，商店還一脈相承博物館的教育責任，非常注重和新設計師們的合作，把他們請進來，並且呈現給整個世界。

六、現代美術館的啟示

現在的 MOMA 和大多數的博物館不同它實施的是高票價制度，1939 年的 MOMA 門票不過是微不足道的 25 分，換算成通貨膨漲，大約是今天的三塊半美金，而在前文也提到 20 美元。還有通過美術館商店融入藝術的運營模式，也包括 MOMA 的網站，這些都揭示了一個事實，就是 MOMA 的實質是個商業化的博物館，它是用其概念形態延展出旗下的相關商業店面。它擁有自己 MOMA 的書店，並且可以是會員制的；其次，它有自己的時尚生活商店，這裡可以買到廚具、書籤、任何生活零碎的小擺件，甚而還有手提包，裝飾品等等的以 MOMA 命名的品牌系列商品。由此可看出，MOMA 真正價值並不僅局限於擺放在博物館中的那一些固定的物件，而在於用它宣揚的概念所產生的商業效應，近而延展的商業銷售鏈。或許大多數人選用或購買它的商品，所要想體驗的就是它的時尚與前衛的意識表達。它的成功之處也就在於它充分的讓前衛與藝術作為了它的標誌，也讓人提到相似概念時就不由自主地用它來直接代替。

這種將藝術融入商店的做法將給其他的博物館帶來很大的啟示，這不光適用於商業博物館。這是博物館改善經營狀況的最佳的途徑，也是紐約現代美術館的一大貢獻。此外 MOMA 帶給我們的另一個啟示就是它的理念：把當代設計之概念傳送給普羅大眾。從這裡我們可以看到一個詞「設計」和一種態度：服務大眾。這就是 MOMA 在發展中的信條，而我們國家的博物館往往

缺少這種信條以至於發展十分的盲目。所以我們的博物館應該從 MOMA 的成功中得到啟示。

加拿大動畫產業園區

不列顛哥倫比亞省位於加拿大西部，是北美通向亞太地區的重要門戶。這裡一直是北美影視拍攝和製作的重要基地，與紐約和洛杉磯一同被列為北美三大影視製作中心。除傳統的影視拍攝及後期製作外，哥倫比亞省近年來也致力於發展動畫及相關產業，目前其動畫製作水準、規模及發展速度引人注目，已成為北美動畫產業的中心。

一、加拿大動畫產業園區的簡介

哥倫比亞省動畫產業起始於上個世紀 80 年代，開始只是為美國公司提供初期的藝術作品、設計圖樣、故事範本、動畫、配樂及聲音合成等服務，大部分合同來自美國公司。這是美洲的發展特點：一切以美國為中心。所有的美洲國家幾乎都在為美國服務。加拿大動畫產業試圖擺脫這一點，於是加拿大以其製作品質優良、創意獨特、交貨及時和預算合理等優勢，從 90 年代中期開始哥倫比亞省與國外的合作製片越來越普遍，該省控股及當地的動畫公司數量也隨即迅速增加。1998 年僅其當地的動畫公司創造利潤達 1‧67 億加元，比 1997 年翻了一番，成為 BC 省支柱產業，電影業中新的增長點。

　　而且從 90 年代後期開始，哥倫比亞省動畫產業開始製作越來越多的原創作品，並同美國及歐洲公司共同擁有作品版權。這是其動畫產業向前發展至為關鍵的一步，因為擁有產權意味著不僅能掌握主動，他們可以擺脫美國的控制得以獨立發展，而且能分享到更豐厚的市場利潤回報。這也是加拿大動畫產業的目標。

　　到 2003 年，哥倫比亞省動畫產業收入已達 6‧68 億加元，比 2000 年增長 47％。該省擁有 12 所電腦動畫學校、60 多家動畫製作公司，這些學校和公司為動畫產業提供了充足的人才和製作條件。從 1998 至 2001 的 3 年時間裡，在這裡動畫產業的雇員人數上升了 82％。在 2003 至 2004 年度，從業人員繼續上升至數千人。此時加拿大的動畫產業已初具規模。

　　從 1998 年至 2001 年，哥倫比亞省動畫產業雇員從 1530 人增長至 2781 人，增加了 82％，至 2003 年動畫產業的雇員人數繼續上升 35％，其中電腦動畫和電子遊戲的從業人數占整個上升人數的 48％，傳統動畫及遊戲動畫分別占 24％和 19％。電子遊戲專案從業人數的增長最為引人注目，2003 年約有 2400 人，受雇於 140 家相關企業，早在 2004 年年底從業人數更是以超過 3000 人。

　　從哥倫比亞省動畫產業的業務方面來看其動畫產業包含 4 個方面的內容：傳統動畫；電腦動畫及視覺特技；電腦及視覺電子遊戲；動畫配音、配樂及聲音錄製。其範圍涵蓋傳統和數碼動畫，主要為電視、電影（含視覺特技）、電腦多媒體、網路及遊戲等製作，其中電腦動畫／視覺（電子）遊戲占動畫產業總收入的 75％，電腦／視覺特技動畫占 15％，傳統平面動畫占 5％，聲

音加工占 2％。而遊戲是近幾年新興的專案，由於其有豐富的動畫資源和人才，給電腦視覺遊戲的發展帶來了良好的基礎，所以遊戲行業的巨頭近年紛紛落戶哥倫比亞省，使得當地許多中小企業得以生存壯大，這些企業主要依靠大電子遊戲公司和大出版商開發專案外包得以生存同時哥倫比亞省的發展也提供了大量的就業機會。

	工作崗位	崗位增量	遊戲行業增量
1998	1530		
2001	2781	1251	600
2003	3754	973	467

從工作方式上說哥倫比亞省分為合作製片和本土製片，合作製片主要是指投資和利益分擔，這種形式的合作製片產權大部分由加拿大控制；本土製片是指投資及製作的所有產權均屬 BC 省本土公司所有，市場銷售也由自己負責。在收入方面，合作製片 2000 年的總收入達 4200 萬加元，2003 年則上升到 6150 萬加元；在遊戲動畫和動畫配音、配樂及聲音錄製等方面，2000 年的總收入達 3‧43 億加元，2003 年則增長至 4‧35 億加元。可以看出短短 3 年合作製片就發展成為哥倫比亞省的主要工作方式，而本土製片主要應用在遊戲動畫方面比較多占該項總收入的 75％，在傳統動畫和電腦動畫方面，本土製作的收入分別占 15％和 50％。這主要表現出遊戲動畫在本土製片方面的統治地位。

二、探索加拿大動畫產業園的成功之路

從哥倫比亞省的動畫產業園的發展及現狀我們可以看出，加拿大動畫產業的發展原則是很明確的，就是要掌握自主權。這就包括兩方面首先是自主的知識產權，其次就是自主的發展方向，擺脫對外部的依賴。那麼圍繞這一主旨，要達到這個目的就需要有良好的發展環境和強力的支持。所以哥倫比亞省的發展策略歸結起來就是：依靠國家的支持。

1. 政府營造良好的發展環境

在加拿大，聯邦政府和哥倫比亞省政府採取的是「一臂之距」的政策，分別從不同管道提供資金，並設立專門非官方、獨立核算的民間服務機構，支援動畫產業發展。通俗的說就是政府在對待動畫產業的問題上採取「幫助」的政策而不會干預產業的發展。如聯邦政府設置的「加拿大影視基金會」和「國家電影局」等機構。在創意啟動、資金籌措、製作加工、人才、市場、稅率優惠等方面為其提供周到的資訊服務和資金支援，這就相當於起到了後勤保障的作用，而沒有為產業的發展方向進行引導。同時省政府則採取資金申請和核准的辦法，通過「BC省藝術委員會」和「加拿大藝術委員會」、「國家電影董事會」、大力提供資金協助，鼓勵並支援動畫藝術家的藝術創新、探索和對外交流，不僅促進了BC省動畫藝術的創新，而且間接為動畫產業的持續發展注入了活力、增強了後勁。

在明確自身定位的同時，政府機構還積極開闢多種產業資金籌措及資助管道。資金的籌措和資金鏈的穩定在任何商業活動和商業實體中都是至關重要的，尤其是以「創新」和「自主發展」為目標的加拿大動畫來說，如果沒有強力資金的支持就無法自主。所以在資金方面哥倫比亞省主要動畫產業的服務機構大多由政府或與企業聯手出資設立。政府相關部門和出資的企業、機構代表組成董事會，對服務機構的各項職能和宗旨做出了詳細規定。這些機構除具有上述的各項服務功能外，還提供專項動畫資助計畫，對動畫創意、製作、市場推廣等提供多方面的資金扶持。這為動畫產業的發展提供了強力的保障。

此外在動畫人才的培養方面哥倫比亞省動畫公司每年均向從業人員提供某種程度的正式或非正式的職業培訓，每個公司每年花費約 7000 至 25 萬加元不等。省政府則通過中小企業培訓委員會，向其提供一定數額的補償資金，以鼓勵企業增加動畫從業人員的在職培訓；另一方面省政府還向聯邦政府申請專項經費，支持 BC 省新興的動畫產業。

人才和經費這兩項重要的發展前提政府都為動畫產業想的如此周到，可見政府確實為動畫產業提供了良好的環境。政府的支持是動畫產業發展的重要原因。

2. 利用行業協會發展動畫產業

行業協會是指介於政府、企業之間，商品生產業與經營者之間，並為其服務、諮詢、溝通、監督、公正、自律、協調的社會仲介組織。行業協會是一種民間性組織，它不屬於政府的管理機

構系列，它是政府與企業的橋樑和紐帶。在 BC 省，目前涉及動畫產業的行業組織有：BC 省動畫協會、BC 省新媒體協會、作曲家、詞作家及音樂發行人協會、動畫配音者協會等。由於動畫業也是一門新興的資訊產業，與新技術、新設備及新的管理運作和經營方式密切相關。因此，當地各專業協會及會員之間定期邀請各界精英人士和此領域的經營管理者舉辦講座或者進行交流，這些協會（組織）集中並網羅了當地及北美周邊鄰近地區在此領域的頂尖人才。這為交流提供了便利，也促進了動畫產業的發展。為了更好的促進動畫產業的發展、1994 年成立的「哥倫比亞省省動畫製造商協會」。

協會還通過專門網站向會員和動畫業者，定期提供世界各地產業資訊、合作專案等一籃子服務，另一方面則以互聯網為交流平臺，向動畫投資人及製作人推薦當地新創意和新作品，在動畫業者和投資方架起了暢通的橋樑，建立起了健全的資訊溝通機制。

該協會自創立至今，積極對外推廣哥倫比亞省的動畫產業，在溝通政府、各企業和動畫從業者之間，發揮了重要的橋樑作用，主要有：

1）針對哥倫比亞省目前動畫產業的發展現狀，向 BC 省政府提出激勵行業發展、保持競爭優勢的各項建議。如為加速人才培養，與省政府工業培訓及學徒委員會合作，探討啟動動畫學員在各企業的實習、培訓計畫；倡議在 BC 省的高中設立動畫製作課程；為鼓勵動畫產業在 BC 省的發展，保持本地動畫產業優勢，要求省政府進一步提供稅率優惠政策等等。

2） 協調各企業和相關從業人員，確立並制定動畫產業從業人員
　 的行業規範、人員工作分工、職責、從業要求及標準，從而
　 使 BC 省動畫產業的發展更為規範。

3） 聯絡各動畫學校和動畫生產商，針對動畫領域對人才的需求
　 變化，提出動畫課程設置的改良建議。

4） 設立專門綜合網站，在動畫從業人員、相關企業、學校之間
　 建立交流資訊的平臺。

　　我們可以看到行業協會對哥倫比亞省起到的作用，為動畫產
業的發展提供了更好的平臺。

三、加拿大動畫產業帶來的啟示

　　從哥倫比亞省動畫產業的發展進程中，得出一個重要啟示，
那就是動畫產業的發展涉及政府服務、融資、人才、銷售及市場
等一整套產業流程。最重要的是，各部門機構設置健全合理、互
相配合、協調支持，充分發揮了各自的角色優勢，共同創造了
BC 省動畫產業的輝煌。特別是政府全方位的服務角色，為當地
動畫產業的興盛發揮了不可替代的作用。發展中的政策因素分析

　　然而我們更應該看到一點，政府的角色，在對待動畫產業的
時候扮演是服務者而不是領導者。這是我們國家所欠缺的，一個
產業取得發展不能夾雜過多的政治因素或者政府的影響，政府應
該起到「幫助」的作用而不是「指導」的作用。

　　我國的產業園應該從加拿大的動畫產業中看到自主的力量和
重要性。如果加拿大動漫產業依然依靠美國，或許仍然有訂單，

但是一旦美國動漫業受到衝擊則加拿大動畫產業的抗風險性就會非常差。這是不利於它的發展的。那麼我國的產業園客戶不能過分的單一，這樣在發展中就會受制於人，處於不利的地位。這就是我們應該學到的。

　　加拿大動畫產業園以「自主」為發展目標，利用政府和行業協會打造良好的發展平臺。政府在產業園的發展過程中充當「管家」和「朋友」的角色使得加拿大動漫產業園取得了成功。

歐洲地區

法國羅浮宮

現在的人們習慣於把倫敦的大英博物館、紐約的大都會藝術博物館和巴黎的羅浮宮同列為世界三大博物館。其中尤以巴黎的羅浮宮最為著名，對社會的影響力也最大。羅浮宮除了美妙的藝術和恢弘的氣勢之外還有哪些值得稱道的地方？還有哪些優勢也很值得借鑒？

一、羅浮宮的歷史

羅浮宮是世界上最古老、最大、最著名的博物館之一。位於法國巴黎市中心的塞納河北岸。羅浮宮的歷史分為三個階段，可以簡單的稱之為辦公階段、改建階段和博物館階段。首先是辦公階段，時間大約是從 13 世紀到 16 世紀。具體地說羅浮宮始建於 1204 年，但是當時只是當時法國王室的城堡，被充當為國庫及檔案館。也就是說，羅浮宮最初並不是按照博物館的模式來修建的，它只是一座宮殿，被用於處理檔案等等的工作，但是「檔案」本身也是一種收藏，也為它的博物館之旅奠定了基礎。

擴建階段源自 1546 年，在國王委託下建築師皮埃爾・萊斯柯對羅浮宮進行改建，從而使這座宮殿具有了文藝復興時期的風格。又經過法國大革命的動盪，到拿破崙三世時羅浮宮的整體建設

才算完成。繼「賢王查理」建設了重要的圖書館而聲名遠播之後，16 世紀的弗朗索瓦一世又開始大規模地收藏各種藝術品，到了路易十三和路易十四時期，羅浮宮的收藏已十分充實。至路易十四去世前夕，羅浮宮已經成為經常展出各種繪畫和雕塑作品的一個場所。

1793 年 8 月 10 日，羅浮宮藝術館正式對外開放，成為一個博物館。博物館收藏目錄上記載的藝術品數量已達 400000 件，分為許多的門類品種，從古代埃及、希臘、埃特魯裡亞、羅馬的藝術品，到東方各國的藝術品；有從中世紀到現代的雕塑作品；還有數量驚人的王室珍玩以及繪畫精品等等。迄今為止，羅浮宮已成為世界著名的藝術殿堂。

二、羅浮宮的現狀

羅浮宮是聞名全球的藝術博物館，館內收藏的藝術珍品數目之多、接待各國遊客的數量之大堪稱世界之最。而且在羅浮宮中，不但可以看到書局、CD 唱片行、琳琅滿目的巧克力店、服裝店，更可找到各式各樣的餐廳、咖啡廳。同時在羅浮宮中有 16 個商店、12 個餐廳、680 位停車位置及最大的 CD 市場 virgin 公司。

在展館方面據統計，目前羅浮宮宮殿共收藏有 40 多萬件來自世界各國的藝術珍品。法國人將這些藝術珍品根據其來源地和種類分別在六大展館中展出，即東方藝術館、古希臘及古羅馬藝術館、古埃及藝術館、珍寶館、繪畫館及雕塑館。其中繪畫館展品最多，占地面積最大。羅浮宮區有 198 個展覽大廳，最大的大廳長 205 米。

主要展館名稱	展館特色	著名藏品
東方藝術館	東方藝術館建於 1881 年，共有 24 個展廳，3500 件展品。這些展品主要來自西亞和北非地區，這些展品出自十分久遠的年代，如西元前 2500 年的雕像、西元前 2270 年的石刻、西元前 2000 年燒製的泥像等。	帶翅膀的牛身人面雕像《漢謨拉比法典》，
古埃及藝術館	館建立於 1826 年，早於東方藝術館，共有 23 個展廳，收藏珍貴文物達 350 件。這些文物包括古代尼羅河西岸居民使用的服飾、裝飾物、玩具、樂器等。這裡還有古埃及神廟的斷牆、基門、木乃伊和西元前 2600 年的人頭塑像等。	「薩姆特拉斯的勝利女神」，「維納斯」
繪畫館	繪畫館所收藏的 繪畫之全、之珍貴是世界上各藝術館不能比擬的。繪畫館共有 35 個展廳，2200 多件展品，其中三分之二是法國畫家的作品，三分之一來自外國畫家，14~19 世紀的各種畫派的作品均有展出。	《蒙娜麗莎》（1503 年）《查理七世像》（15 世紀）、《岩間聖母》（16 世紀）、《美麗的園丁》（16 世紀）、《農家》（17 世紀）、《國王路易十四像》（18 世紀）、《拿破崙一世在巴黎聖母院加冕大典》（19 世紀）、《蕭邦像》（19 世紀）、《土耳其浴室》（19 世紀）
雕像館	雕像館成立於 1817 年，共有展廳 27 個，展品 1000 多件，多為表現宗教題材的作品，部分為表現人體和動物的作品。	《基督受難頭像》、《十字架上的耶穌》、《聖母與天使》、《聖母與孩童》、《童年時期的路易十四》、《伏爾泰》，《舞蹈》
珍寶館	最初，珍寶館的展品主要是大革命時從王室沒收而來的珍寶。後來，博物館組織人馬到處收購，加之有人捐贈，展品便大大豐富，現在有展品 6000 多件。	重達 137 克拉的大鑽石，有鑲滿寶石的王冠，還有鍍金的聖母像、歷代王朝王室的傢俱、裝飾用具等。

　　此外還分有：工藝品、伊斯蘭藝術、書畫刻印藝術、羅浮宮的歷史和中世紀的羅浮宮 、非洲，亞洲，大洋洲及美洲藝術。

　　談到羅浮宮自然要談到他們的驕傲，也是世界藝術領域永

恆的經典之作，號稱羅浮三寶的「斷臂維納斯」，「勝利女神」和《蒙娜麗莎》。

《斷臂維納斯》已經是世界家喻戶曉的青春美的女神雕像。大理石雕，高204釐米。相傳是古希臘亞歷山德羅斯於西元前150年至前50年雕刻的。其雕像於1820年2月發現於愛琴海的希臘米洛斯島一座古墓遺址旁，是一尊手臂殘缺的大理石雕塑。為半裸全身像，面容俊美，身材勻稱，衣衫滑落至髖部，右臂殘缺，仍展示出女性特有的曲線美，顯得端莊而嫵媚。法國重金收買後陳列在羅浮宮特辟的專門展室中，以其絕世魅力震動了世界，從此，「斷臂維納斯」就著稱於世，成為愛與美的象徵。

「勝利女神」的頭和手臂都已丟失，但仍被認為是古希臘雕塑的傑作，不論從哪個角度，觀賞者都能看到和感受到勝利女神展翅欲飛的雄姿。她上身略向前傾，那健壯豐腴、姿態優美的身軀，高高飛揚的雄健而碩大的羽翼，都充分體現出了勝利者的雄姿和歡乎凱旋的激情。海風似乎正從她的正面吹過來，薄薄的衣衫隱隱顯露出女神那豐滿而富有彈性的身軀，衣裙的質感和衣褶紋路的雕刻令人歎為觀止。向後飄揚的衣角和展開的雙翅構成了極其流暢的線條，腿和雙翼的波浪線則構成一個鈍角三角形，加強了前進的態勢。

《蒙娜麗莎》是一幅享有盛譽的肖像畫傑作，它代表達文西的最高藝術成就，成功地塑造了資本主義上升時期一位城市有產階級的婦女形象。畫中人物坐姿優雅，笑容微妙，背景山水幽深茫茫，淋漓盡致地發揮了畫家那奇特的煙霧狀「空氣透視」般的筆法。畫家力圖使人物的豐富內心感情和美麗的外形達到巧妙的

結合，對於畫像面容中眼角唇邊等表露感情的關鍵部位，也特別著重掌握精確與含蓄的辯證關係，達到神韻之境，從而使蒙娜麗莎的微笑具有一種神秘莫測的千古奇韻，那如夢似的嫵媚微笑，被不少美術史家稱為「神秘的微笑」。

三、羅浮宮的改變

現在的羅浮宮在藝術和經濟上都取得了很大的成功，在藝術方面自不必贅述，這裡就像一個藝術的寶庫。許多畫家都以作品在能羅浮宮展出為驕傲。在經營方面羅浮宮的成績也是顯而易見的，目前的羅浮宮在經營管理方面已走到了同類園區的前列。羅浮宮在經營方面之所以能有今天的成就其實主要是源自一次經營策略的變革。下面我們就來探索羅浮宮的成功之路。

1. 羅浮宮舊時的經營策略

概括羅浮宮舊時的經營模式就是：政府撥款的國家公益性單位。因為羅浮宮博物館隸屬法國政府文化部，由文化部下屬的國家博物館委員會和法國博物館管理局直接領導。在 1993 年之前羅浮宮全年經費開支大約每年 5.6 億法郎，而博物館每年的門票收入和其他收入只有 0.8 億法郎，這就是說，羅浮宮每年要靠國家撥款 4.8 億法郎作為補貼才能正常運轉。這樣做對羅浮宮的好處是，羅浮宮得到了大量的國家援助可以正常運營，國家負責博物館的盈虧，博物館可以專心於各類的展覽和館內的事物。

但是國家的撥款是有限的也是固定的，這雖然保障了博物館的運行但卻使得羅浮宮的財政長年拮据，所以這也禁錮了博物館的發展。同時也難以滿足日益擴大的參觀者的需要，管理方面的改革勢在必行。

2. 羅浮宮現在的經營策略

羅浮宮的新思路概括的說就是自主經營，走上企業化經營的發展路錢，將商業運作引入博物館的日常管理中。因為自從1993年後，羅浮宮博物館已經改變了原有的政府下屬行政機構的地位，成為「具有行政特徵的公共企業部門」，也就是說，從完全依靠政府財政支持的機構轉變成在相當大程度上擁有自主經營權、自主制定管理政策和自由支配財物的經營實體。之後羅浮宮將這招募員工和發放員工工資兩項權力從國家手中接過來，開始根據空缺崗位，自行招聘員工，並負責直接發放工資。

對比羅浮宮的新舊經營策略我們不難發現，它們兩者的區別就體現在「自主經營」四個字上，或者說羅浮宮新的經營模式是一種「特殊的自主經營」這種特殊我們可以從一張表中看出。

歐元：法國法郎＝ 1：6.1793

	運營費用（歐元／萬）	政府撥款（歐元／萬）	撥款比例	自營及其他收入（歐元／萬）
1993	約 9063	約 7768	86%	1295
2003	13700	9727	71%	2980

　　從表中我們可以清楚的看出兩點，首先羅浮宮在自主經營方面取得了很大的效果。第二羅浮宮是國有體制，所以，所謂的自主經營只是相對的，這也就是國家定義的「具有行政特徵的公共企業部門」，但是不管怎樣自營收入的大幅增長是個事實，我們將在下一章中研究羅浮宮具體的經營方法。

四、羅浮宮的改革策略

1. 取得自主經營權

　　何為自主經營，自主經營的特徵就是自己經營，自負盈虧，自行支配收入，那麼羅浮宮是國有的「具有行政特徵的公共企業部門」，那麼羅浮宮要「自主經營」就是要爭取更多的運營權利和更多的支配收入的權利。羅浮宮經過努力得到了，招商權和自行招募員工的權利和支配門票收入的權利，此外更重要的是羅浮宮將「終身國有制」關係改為「合同制」，該合同可無限期續簽。根據這一合同，羅浮宮保證提高工作效益，優化在文化傳播、科學研究和經營管理方面的工作，還將努力增加自營收入980 萬歐元，並實現贊助資金的翻倍，達到 2000 萬歐元。國家則將在羅浮宮完成即定目標的前提下，增加政府補貼 1030 萬歐元，其中 650 萬用於新增 147 個崗位。

　　從這三項決議可以清楚的看到羅浮宮改革的重心首先就是就是爭取權利，這三項權利的核心是將「終身國有制」變成「合同國有制」。這樣做的好處是在某種程度上保證了博物館的運營，

同時給自己定下了目標帶來了動力，在條款中自營收入 980 萬歐元，並實現贊助資金的翻倍，達到 2000 萬歐元才能增加政府補貼 1030 萬歐元，這是一種良性迴圈的促進。同時自行支配門票收入使得博物館的運作趨於靈活。博物館自行招募了 1233 人緩解了旺季工作人員不夠的問題。

2. 以商業模式經營博物館

羅浮宮是一座珍寶館，無數的藝術珍品在這裡收藏，所以各種的展覽在羅浮宮的日常經營中是必不可少的所以以藝術展覽為依託、開拓商業經營是羅浮宮進行企業式管理的主要思路。此外就是羅浮宮利用自己的優勢同商業公司聯營，自己並不直接「下海」，卻達到了「以商養文」的目的。

具體來說就是贊助和招商。在贊助方面贊助公司往往可以得到三項回報：一是在活動中打出公司的名稱，提高公司知名度；二是由於投資文化事業而享受稅收優惠；三是得到羅浮宮的贈票，並可以組織員工和客戶集體參觀博物館。舉例來說在 1998 年為慶祝羅浮宮博物館建管 200 周年而興建的「大羅浮宮」工程耗資巨大，單憑羅浮宮或國家根本無力承擔由法國 2 個資本雄厚的工業集團聯合投資。工程結束後，國家讓與這 2 家公司在這裡經營 80 年的特許權。這就是以一種商業贊助的形式完成的。

在招商方面法國實力雄厚的房地產集團佩勒翰公司投資 10 億法郎，獲得了在「卡魯塞爾」地下大廳的商業經營權，這家公司在 2 萬多平方米的大廳內招商，在此設立 80 個商店，彙集巴

黎所有著名的商業公司。羅浮宮還同其他公司以多種形式合作，聯合開發。著名旅遊餐飲公司阿高爾集團投資 300 萬法郎，承包了館內所有的飲食服務。

招商對於羅浮宮來說有兩個目的，第一是增加收入，這是最直觀的目的，就拿上面的阿高爾集團來說，他們每年就要想羅浮宮繳納 200 萬元。此外要有一個更重要的目的就是規劃。招商出租可以對博物館起到規劃的作用，因為投資的公司會統一的管理，這樣可以避免遍地零售店處處是餐廳的混亂局面，這樣也可以保持博物館的威嚴，是有利於博物館的發展的。

3. 海外的擴展

現在博物館企業化似乎以一種潮流。是企業就要發展，似乎是受了「古根漢」博物館的啟發。古根漢物館就是以開「連鎖店」而聞名。羅浮宮將擴展的目標放在了中東。

阿拉伯聯合酋長國和法國將在距阿聯酋首都阿布扎比海岸 500 米的薩迪亞特島文化區合作修建「阿布扎比羅浮宮」博物館，預計於 2012 年建成開放。「阿布扎比羅浮宮」博物館將在 10 年內、每年支付 1.5 億歐元用於向羅浮宮等法國博物館租用藏品，每年舉辦 4 次展覽；並計畫每年投資 4000 萬歐元，用於購買自己的藏品，直至取代法國藏品；該博物館將由法國著名建築師讓・努韋爾設計，占地 2.4 萬平方米，包括 6000 平方米的永久展廳和 2000 平方米的臨時展廳，該館於 2009 年 5 月 26 日開始建設。

對於海外的拓展有很多人持反對意見，也為這不利於文化

的保護，但從某種意義上說，文化是世界上生命力最頑強最綿長的東西。任何一個民族的文化行為、文化產物都來自千百年前。但是從某種意義上說，文化也是這個世界上最脆弱的東西。一個民族或者一個國家的文化精髓是人心，而不是任何有形的東西。不過有一點是肯定的，那就是從道義上說，我們有必要為我們的後代保存一些原初的、不在我們的手中失去的文化形態和文化精神。

4. 虛擬博物館

羅浮宮的商業化進程十分迅速，但是有一個事實是無法改變的，羅浮宮始終是個博物館，是向民眾展示藝術的地方。所以公益性的惠民政策是必須要有的，所以羅浮宮早在 1995 年就開始向大眾開放官方網站，當時網頁上只有對博物館歷史和參觀資訊的簡單介紹，即便如此，2001 年它的流覽人數也超過了 600 萬，而當年實地參觀人數是 550 萬。從 1995 年到 2005 年這 10 年裡，隨著互聯網的普及，羅浮宮網站的訪問人數也持續上升，在 2004 年已經和實際進羅浮宮參觀的遊客人數持平，都是 600 萬。網路虛擬的特點就是方便快捷。是羅浮宮履行博物館職能的的重要體現。

五、羅浮宮的創新經營

羅浮宮在經營方面的一大特色就是努力提高自身的知名度和影響力，為此羅浮宮採取了一個行之有效的辦法就是與影視

界合作拍攝了驚悚電影《羅浮魅影》。影片講述了姑娘麗莎和祖母一同居住在羅浮宮對面的大樓裡，羅浮宮修葺工程竟然無意中把她們所在大廈的電梯間打通了。於是麗莎進入羅浮宮變得易如反掌。一次為了追家貓，麗莎進入了羅浮宮。不巧又走進了科學家們研究古埃及木乃伊的實驗室，她哪里知道此時此刻，羅浮宮裡一具木乃伊鬼魂正在注視著美麗的她，而且在雙目對視的瞬間，鬼魂進入了麗莎的身體。於是，每當深夜，麗莎便被鬼魂驅使在羅浮宮裡遊蕩，搜尋著古埃及的寶物。電工小夥深愛著麗莎，他發現了麗莎的異常舉動，並跟蹤保護她，沒想到被羅浮宮請來的保安監察官誤以為是羅浮幽靈將其抓了起來。可是悲劇還在發生，經過他們和科學家們的共同努力，羅浮幽靈現出了水面，他們通過古埃及的語言進行溝通，使鬼魂得以安寧並離開了麗莎的身體，麗莎也在經過鬼魂的折磨後又回到了愛人的懷抱中。

這是史上第一部進入羅浮宮實地拍攝的電影。羅浮宮的實景通過電影為全世界所熟知，使得羅浮宮名聲大噪。羅浮宮此舉的英明之處在於：博物館本來就擁有厚重的歷史，歷史的積澱使羅浮宮本來就被籠罩上了一層神秘的色彩，而博物館相對空曠的場地本來就是和營造一種恐怖的氣氛。而《羅浮魅影》的問世無異於激起了人們的好奇心，使得人們對羅浮宮更加嚮往，這是羅浮宮宣傳自身的絕妙方法。也是羅浮宮創新經營之道。

羅浮宮的另一大創新就是羅浮宮前建商業賣場，前文中提到自主經營權使得羅浮宮在經濟上得到了一定的自由，並使羅浮宮的收入大幅增加。羅浮宮也力求製造一種高雅嚴肅的文化氛圍，

「卡魯塞爾」大廳的面積有 2．5 萬平方米，北部是個上下 3 層的寬敞停車場，乘車的人可以從這裡直接進入展廳。南部是會議廳、時裝表演廳等 4 個文化活動中心。觀眾乘自動扶梯進入這個地下大廳後，仿佛進入了一個豪華的商務中心，旅遊紀念品商店、書店、時裝店、首飾店、咖啡店、酒吧、旅行社、銀行等鱗次櫛比。這些商店不僅服務於羅浮宮的遊客，而且吸引了很多過路的行人在這個環境幽雅的地方購物或小憩。並且 130 多名書店職員分佈在館內各個角落，方便參觀者選購羅浮宮的圖書。此外，羅浮宮還向社會開放，為各類臨時性的藝術展覽、學術報告會和其他文化活動有償提供場地和服務。這也是羅浮宮的一大特色。

六、羅浮宮的啟示

羅浮宮的成功不在於它的商業化發展，也不在於它怎樣合理的運用手中的藝術資源鍛造自己的成功。羅浮宮的成功在於它的轉變。它為我們揭示的真理是：一家國有博物館或者產業園，是不可能完全商業化的，那麼作為它們，在發展的過程中就要爭取自我的發展空間而不是擺脫國家的控制，這是不現實的。另外羅浮宮的宣傳手段是很值得我們學習的。博物館與影視相結合利用電影激起民眾的好奇心從而增加自己的知名度與看點，這是我國博物館所應該學習的。

對於我國的國有產業園來說，它們要爭取自己掌握發展的道路，讓國家成為一種輔助。讓國家的撥款成為一種優勢，而不要

讓它成為一種束縛和依靠。作為我國的博物館國家的支持力度要遠遠高於法國，這是我們博物館的優勢。但是我國的博物館往往具有較強的依賴性，當國家減少扶持力度的時候，羅浮宮的經營模式就是我國博物館最好的範本。

西班牙畢爾包文化之都

　　畢爾包是西班牙次於巴賽隆納的全國第二大港。港口附近有豐富的鐵礦石，自古以來通過開採、冶煉和出口，並以出口鐵器而聞名。現已發展為西班牙最大的鋼鐵和化學工業中心，還有造船、電工器材及紡織等工業也較發達。但20世紀中葉以後開始衰落，1983年的一場洪水更將其舊城區嚴重摧毀，整個城市雪上加霜，頹勢難挽。但是自自從1986年加入歐盟後，西班牙整體經濟快速成長，畢爾包在短短十幾年內，從一個默默無名的工業小鎮，躋身國際知名的文化之都。

一、畢爾包的歷史與現狀

1. 畢爾包的歷史

　　畢爾包市始建於1300年，因優良的港口而逐漸興盛，在西班牙稱雄海上的年代成為重要的海港城市，17世紀開始日漸衰落。19世紀時，因出產鐵礦而重新振興。20世紀以來，這座灰色的工業城，讓巴斯克成為西班牙最富裕的自治區，居民的年平均所得總是西班牙第一，但是和眾多的工業城市一樣，畢爾包的環境一直被人所詬病。過去，西班牙人一想到畢爾包，腦中就會

浮現骯髒的、深褐色的藍帶河，煙囪、大型吊車與橘色的氣體儲槽林立的景象，連市區建築物外牆都因為卡上一層煙塵，而顯得灰濛濛。曾旅居畢爾包的作家海明威，還曾在文章裡直評，「畢爾包市又髒又臭！」而且 1980 年代畢爾包遭遇了嚴重的自然災害，使這座古老的工業城市受到了幾乎致命的打擊。這也被迫讓畢爾包走上了重建與復興之路。

2. 畢爾包的現狀

　　如今，畢爾包完成了一次從工業城市到藝術城市的華麗轉身，成為了 21 世紀城市的表率——建築、環境、藝術、文化活動將成為一個城市的真正競爭力所在。一個昔日的衰落城市，如今變得像馬德里、巴賽隆納、倫敦一樣著名，它逃離了底特律、曼徹斯特的悲慘命運。骯髒的河流得到了清理，如今人們可以在其中蕩舟，甚至釣到了魚；那些巨大的吊車消失了，那些運送鋼鐵的火車，變成了嶄新的地鐵，它們行駛在草地上，而月臺則是由諾曼・弗斯特設計……人們在河邊散步、溜冰、戀愛，對著古根海姆的牆壁踢足球，穿過那些設計新穎的橋樑，到達河對岸，這一切在 20 年前幾乎不可想像。現在畢爾包的名字已經逾越了一個簡單的地理概念，成為了一個品牌。這種由一個建築傑作改變一座城市命運的例子，被《紐約時報》形容為「一個奇蹟」，也叫「畢爾巴鄂效應」（The Bilbao Effect）。面對畢爾包的成功，人們似乎更願意將它理解為是一個「奇蹟」。

二、復興的催化劑

　　從一個破敗的工業老城發展成為一個 21 世紀城市的表率，被稱之為「奇蹟」然而完成這一天地飛躍，畢爾包僅僅用了 20 年。那麼是什麼讓畢爾包擁有了如此神奇的力量呢？是「文化」！畢爾包在這幾年的發展中抓住了文化的脈搏，取得了質的飛躍，而談到畢爾包的復興就不得不談到復興的催化劑──「古根漢畢爾包博物館」。

1.「古根漢」的興建

　　畢爾包博物館不是天上掉下來的，這與畢爾包領導者的在 1980 年代的復興大計有關。他們認為在現在的國際競爭中，只有文化才可以凸顯一個都市的國際地位，所以畢爾包需要一個國際級的文化機構。在 1991 年畢爾包市政府主動找上正在籌畫在歐洲設立分管的「古根漢基金會」，希望在畢爾包設立博物館，為此畢爾包政府從資金、土地、場館方案等等都拿出了足夠的誠意，為此雙方一拍即合。畢爾包令人感動的決心，改變了城市的命運。不到八個月的時間，古根漢歐洲分館便敲定落腳畢爾包。儘管在博物館的籌建過程中，有人反對，有人不屑。但是當 1997 年古根漢落成於左岸的工人區，並成功帶來一年 100 多萬觀光客後，市民的觀感已經完全改變。從此「古根漢博物館」帶領畢爾包走上了文化復興的道路。

2.「古根漢」對畢爾包的貢獻

古根漢博物館以奇美的造型、特異的結構和嶄新的材料立刻博得舉世矚目,被報界驚呼為「一個奇蹟」,稱它是「世界上最有意義、最美麗的博物館」。對於畢爾包來說古根漢姆博物館極大的提升了畢爾巴鄂市的文化品格,使畢爾巴鄂在世界文化建築地圖上佔據了一席之地。更重要的是博物館給城市帶來巨大經濟收入和社會效益。使這個城市不僅重新恢復了富足的經濟實力,而且極大地增長了城市信心。

為什麼「古根漢博物館」會給畢爾包帶來如此大的變化?因為古根漢博物館的經營理念是引導藝術融入環境,拉動周邊產業發展。提出了「城市=美術館」的理念,這使得「古根漢」的影響力得以超出藝術的範疇,延伸到整個城市。「城市美術館」能提供展示、欣賞及教育的功能,也有禮品中心可以讓參觀者留下紀念並創造美術館收入。你隨時可以免費進入美術館享受一場美的盛宴,「城市美術館」讓你進入城市就像進入美術館。也就是說「古根漢」對畢爾包復興的貢獻,主要表現在它拉動了城市的相關產業的發展。比如說旅遊業或餐飲業。這些對經濟復蘇的貢獻要遠遠大於博物館本身對城市的貢獻。

此外古根漢博物館的建築風格也透漏著藝術氣息,對於古根漢姆的建築形象,評論家和遊客有著不同的描述,有的稱它是一艘「幻想船」,有的形容它是在水中翻騰的魚,還有的稱它是「史前野獸」。這種種的表述,反映了一個事實,即畢爾巴鄂古根漢的形象已深深被人們所記住,對未來的遊客是一種先入為

主。從客觀上說建築藝術，是對環境的一種渲染。為城市創造藝術氛圍，這與「古根漢」融入城市的理念是相同的。所以說「古根漢」帶動了畢爾包的發展。

3.「古根漢」的地位

畢爾包的古根漢博物館更像是一劑催化劑，而非唯一的決定性因素。就這一點來看人們經常誤解它，自從 1997 年之後，很多城市試圖效仿畢爾包，但是卻鮮有成功。原因很簡單，畢爾包是一系列因素的產物，而非單一因素，政府的意念和規劃才是重中之重。博物館只是其中的一個組成部分。即使一座城市令所有的建築都成為設計大師的實驗品，它也並非意味著成功，你必須考慮如何使新實驗與舊的精神達成和諧，就像這裡的古根漢博物館如此和諧地和畢爾包相融合。這才是真正的挑戰，或許也是中國的城市規劃者最需要瞭解的。所以說：古根漢博物館是畢爾包復興的一劑催化劑。

三、畢爾包的復興策略

如前所述，雖然「古根漢」博物館在畢爾包的復興過程中起到了催化劑的作用，起決定性作用的還是畢爾包政府利用「文化」復興的策略。

1. 利用建築風格營造文化氛圍

首先，畢爾包政府確立了以「文化」帶動城市的策略，因

為該市歷史不長、名頭不響、風俗不奇、景色不佳，兼乏名人舊跡，各種可能的旅遊資源一一欠奉，如何吸引外埠人士前來觀光成為頭號難題。多方問計之下，終於決定興建一家現代藝術博物館，寄希望於歐洲眾多藝術愛好者的「文化苦旅」。而「古根漢」博物館又好似一份禮物，準備在畢爾包建立。那麼按照政府的思路就是要利用博物館來營造城市的文化氣氛。那麼最直觀的就應該是房屋的建築風格。

所以畢爾包在博物館的選址和外觀上煞費苦心。從選址上講，博物館選址於城市門戶之地——舊城區邊緣、內維隆河南岸的藝術區域，一條進入市區的主要高架通道穿越基地一角，是從北部進入城市的必經之路。這個做法意圖非常明顯：將博物館當做城市的標誌性建築，甚至是城市的象徵，所以要讓更多的人看見它，感受文化的薰陶。從博物館的建造上來說，博物館是最醒目的第一層濱水景觀，整個建築由一群外覆鈦合金板的不規則雙曲面體量組合而成，其形式與人類建築的既往實踐均無關涉，超離任何習慣的建築經驗之外。這樣的外觀能給人無限的聯想。這也從一個側面打開了文化創意之門。

一座建築的風格到底會帶來什麼呢？當代建築是植根於超越建築職業本身的、更為廣闊的，包容各個領域、機構和人的複雜的社會環境中的，這已是毋庸置疑的事實。也就是說一個建築在它所處的環境裡所表現出的意義往往要超出建築本身。具體到此，「古根漢」處在一個工業城市向文化城市的轉變過程中，建築本身就要具有的誇張性、無序性就恰恰是表達出這個時代在步入新千年時的一種不穩定的心態。對於畢爾包古根

漢姆來說，它既是新的政治趨勢的產物也是藝術商品化過程的產物。

此外，建築的風格往往代表新的城市形象，還有在今天這個資訊技術迅猛發展的時代，建築的物質存在正在受到威脅，並已漸漸的被消滅，被虛擬的空間所代替。但是建築風格的力量既不是對老式的穩定的形式的重複，也不是對消費文化的擁抱，而是通過對變革和不確定性的開放和接受所傳遞出來的。這也就是為什麼畢爾包要利用建築風格渲染文化氛圍。

2. 發展「城市投資」策略

畢爾包政府並沒有將一切的力量只單獨放在「古根漢」博物館，這只是畢爾包文化復興的一個環節。畢爾包政府還有很多措施。其實一套全面啟動的「城市投資」，讓畢爾包改頭換面。於是在 1992 年 11 月邀集西班牙中央政府房屋部、畢爾包港務局、鐵路公司合資的公司，加上中央與地方各出資 50％，以 180 萬歐元的資本額，成立了「畢爾包河 2000」（Bilbao Ria 2000）這家公司。這家公司的主要業務是接收倒閉企業租用的公有土地，經都市、交通與環境的評估規劃後，出售給私人開發商，以獲取利潤，迴圈用於持續開發畢爾包市其他荒廢的工業用地。此外市政府還實施一連串政策清潔畢爾包，如補助陳舊大樓的表面清潔，並進行綠化。如將藍帶河兩岸的舊廠房全部遷出，改為親水公園、興建劇院、飯店等，重新進行都市規劃。

成立 10 多年來，「畢爾包河 2000」未曾停歇，每年推出半年刊，簡介進行中的城市建設工程與未來的都市規劃。現在每當傍

晚時分，當地居民最喜愛沿著古根漢旁的藍帶河畔漫步——眺望對岸的德烏斯托大學；市中心改為人行道的商業大街，兩旁有名牌時裝店與書店。畢爾包與古根漢充分展現了 17 世紀賽萬提斯筆下的唐吉訶德，那種代表西班牙人敢做夢的性格，也為全球中型城市帶來彌足珍貴的城市改造經驗。

3. 樹立城市品牌

有很多城市意識到，要建立城市的特色文化——即城市的主題文化，這成為城市復興的積極議程，畢爾包也不例外，所以他們的核心策略就是利用「古根漢」博物館打造並樹立城市的文化品牌。因為之所以打造文化品牌是因為文化具有單純的經濟戰略所不具有的優勢：文化更富有彈性，可以經受時代的變化，它很少會消亡，它總是在進化，儘管面臨全球化的潮流，但是文化仍然可以不斷探索創新，而且它更利於創造新的空間和場所，在現在與未來的城市歷史之間尋求平衡。這些，都是單純的經濟復興所無法達到的。「文化」是一種內涵，是一種底蘊，它所表現出的價值要遠遠高於那些真金白銀。而古根漢為畢爾包帶來的就是這種文化品牌。因為來到畢爾包的人十有八九是為了領略古根漢的風采，當然如果沒有畢爾包政府的努力也不會有「古根漢」的成功。

四、畢爾包的成功給我們的啟示

畢爾包成功的模式是否可以複製？到底是什麼原因導致了畢爾包的成功？其實細心的人可以發現這兩個問題是有關聯的。畢

爾包這種以一個企業或一個建築為主體帶動了這個城市的復興，這種模式是極難被複製的。而這就牽扯出了第二個問題，究竟是什麼引領了畢爾包的復興？真正引領畢爾包復興的是它的城市文化品牌戰略，而不是古根漢博物館，這也就是為什麼無數的實驗者渴望複製這個模式卻沒有成功，是因為他們沒有抓住畢爾包復興的精髓。他們只看到了古根漢的成功，殊不知從根源上說是畢爾包的城市品牌戰略促成了古根漢的成功。

畢爾包的成功被認為是一種新的城市復興的策略與意識形態，即採用文化，尤其是公眾文化建築作為引導。這種模式的設想是：文化設施的建築可以帶動相關產業的發展，如旅遊、資訊技術等。畢爾巴鄂採用了這種模式，對改善城市公眾領域和公共場所的建設有著積極的作用。文化的優越性在實踐中得到了各方的認同。其實，在城市復興的過程中，只不過在最初階段是要將重點放在單純的經濟戰略上。這使得一些城市受到了誤導，他們放棄了精髓。

實質上畢爾包是在城市原有的發展路線出現偏差或資源耗竭之後，尋找的一種新的城市主題文化。這種創新性的城市主題文化為該市的發展找到了一條新路，通過古根海姆博物館的藝術氣質引領城市實現了新的主題的轉變與發展，把該市的城市主題文化建設推上了一個新的起點和高度。就是這種創新出的城市主題文化挽救了該市衰退的命運。而「古根漢」只是這個背景下的產物。

對中國來說，我們還處在城市化的高速發展階段，但是一些城市或個別地區也面臨著城市復興問題，我們要從畢爾包的復

興中學到如何運用文化品牌戰略而不是考慮如何去建一個「古根漢」來名利雙收。我們說，不僅是在城市復興之中，在目前的城市建設中，文化都扮演著極為核心的角色。如果說「市場」是影響現代經濟增長與經濟結構的一隻「看不見的手」，那麼對經濟動機、經濟行為的這些市場行為產生影響的，就是城市的主題文化。因為效益永遠是表面現象，而文化和品牌才是內涵。

結論

畢爾包創造了奇蹟，在短短二十年間從破敗的工業城市轉變為新型的文化都市，其中「古根漢博物館」功不可沒，但是它只是催化劑，不是精髓，畢爾包復興的精髓是「城市文化品牌戰略」。這種創新性的城市主題文化為該市的發展找到了一條新路，通過古根海姆博物館的藝術氣質引領城市實現了新的主題的轉變與發展，把該市的城市主題文化建設推上了一個新的起點和高度。就是這種創新的城市主題文化挽救了該市衰退的命運。

西班牙加利西亞——全新動畫基地

3D 動畫是近年來隨著電腦軟硬體技術的發展而產生的一新興技術。設計師在一個虛擬的三維世界中按照要表現的物件的形狀尺寸建立模型以及場景，再根據要求設定模型的運動軌跡、虛擬攝影機的運動和其他動畫參數，最後按要求為模型賦上特定的材質，並打上燈光。當這一切完成後就可以讓電腦自動運算，生成最後的畫面。而在西班牙加利西亞有一座全新動漫基地正在悄然興起。

一、動畫基地的簡介

2001 年一部由加利西亞地區的動畫公司製作的三維動畫大片《魔法森林》在西班牙、甚至整個歐洲掀起一股動畫熱潮，並帶動了當地動畫產業發展。現在加利西亞已經成為西班牙重要的動畫製作基地。

目前加利西亞已經培養了越來越多的動畫製作人才，而且著力打造人才本土化。這使得西班牙的動畫電影產量已經從原來的每三到四年一部，急速提升到每 18 個月有一部新動畫片上映，其三維動畫製作品質更是廣受好評。目前主要的動畫作品有《魔法森林》、《一號星球》和《Pocoyo》等。

二、動畫基地的運營特色

1. 人才本土化策略

　　現在加利西亞工作的大部分成員都是本地人，而且他們都是在加利西亞地區成長並學習動畫製作，在這裡逐漸成了一個動畫人才培養基地，一些動畫製作者離開後都在其他西班牙電影公司甚至好萊塢找到了位置。因為三維動畫的製作是個需要大量實踐的工種，所以目前三維動畫的人才需求量非常大，具有很大的缺口，而且三維動畫的培訓課程類別較多，課程時間長，沒有標準的教材。三維部分的教學內容多數來源於社會上的書籍及聘請或是外派學習的教師自身的知識編輯的簡易教材。美術部分的教學內容參照藝術類課程設置。這導致很多動畫基地都要自行培養，為動畫工作者提供更多的就業機會和鍛煉的機會。所以抓住人才的培養就等同於抓住了市場。這也是加利西亞動畫基地發展人才戰略的根源所在。

　　人才本土化策略是西班牙動畫基地的一大特色。原因有二，首先西班牙政府支援動畫產業基地的建設，這使得西班牙有本土動畫人才的基礎，有利於動畫人才策略。第二，人才本土化從思維模式到想像的設計風格都可以有國家風格和特色，也有利於創造動畫的民族品牌。分析這兩大特色，首先是政府的支持，最近幾年來，加利西亞地區政府為本土動畫產業提供了不少優厚的條件，例如每年給一些小規模動畫工作室發放津貼、鼓勵年輕的動

畫製作者創業等，一些西班牙電影業內人士指出，加利西亞正逐步發展成為歐洲的動畫製作中心之一。

現在人們也可以在加利西亞的各種動畫博覽會上看到世界各地許多非常優秀的三維動畫作品。這證明動畫產業在加利西亞地區越來越受到廣泛的關注，動畫也正是西班牙電影未來發展的主要方向。政府為加利西亞的動畫發展提供了良好的環境。也為其人才本土化的策略，提供了支援。

發展人才本土化策略的一大好處是讓西班牙的三維動畫具有民族特色，上文所述加利西亞的工作者大都是土生土長的西班牙人，這使得他們的思維會擁有西班牙的特色。因為人們所處的環境會對人本身產生不可估量的影響。所以人才本土化會使在這裡的工作者擁有民族情節，只有民族的才是世界的。加利西亞的三維動畫要想取得成功，就要有自己的特色，所以人才本土化也是一種必要的手段。

2. 精品策略

三維動畫片的特點是耗資大、製作時間長往往需要一年甚至幾年的製作時間，針對這一特點，動畫基地在國家的支援下實行精品戰略，力求與美國動畫相抗衡。與美國的做法一樣，西班牙電視動畫也採取大量外包的製作方式，這樣可以節省很多資金。製作動畫的成本很昂貴，保持高競爭力和利潤空間的惟一辦法就是參與國際市場競爭，所以品質是競爭的根本。

西班牙有史以來最貴的電影不是古裝大片《傭兵傳奇》，而是一部動畫片《一號星球》（*Planet One*）。《一號星球》講述

了一個星球上的居民突然發現異星來客，其乘坐的飛船上寫著「NASA」原來他們遇到了地球人。影片被譽為「代表西班牙動畫的曙光」。它的投資高達 5000 萬美元，雖然距離上映時間還有一段時間，但已經是目前西班牙最受矚目的電影。此外，在 2008 年《Pocoyo》賣出了 100 個地區的播放版權，並且奪得安錫動畫電影節電視動畫的最高獎。2001 年，《魔法森林》（The Enchanted Forest）掀起了西班牙本土動畫的熱潮。現在，一些創新公司正在集體衝擊票房，它們集中在加利西亞省。藉此西班牙動畫電影的平均觀眾已經跨過 100 萬門檻，電視動畫方面也有了大幅進步。

以此我們可以看出西班牙政府對三維動畫片的支援。西班牙更號稱以此片直接和美國的皮克斯、夢工廠對抗。這也導致動畫基地對此片精雕細琢遲遲未有上映的原因。這也體現了西班牙的精品戰略。何為精品？西班牙為什麼要實行精品戰略。加利西亞的精品戰略就是要打造足以與美國皮克斯公司抗衡的作品。《一號星球》（Planet One）、《Pocoyo》、《魔法森林》（The Enchanted Forest）都是西班牙精品戰略下的產物。它們各有特色使得加利西亞的動畫擁有了足夠的競爭力。

三、加利西亞動漫基地給我們的啟示

從加利西亞的成功中，我們看到就是「精品」和「本土化」這兩個詞。廣泛而厚重的產業基礎配以有特色的精品就是加利西亞的成功之道。

我國的一些動畫產業園總是在追求「量」，以量來佔有市場，比如我們有大量的國產動畫片，但是一旦所謂的「大片」進入市場我國的動畫片就會慘澹出局。這就是精品效應，一部製作費動輒上千萬美元的動畫片或許需要三到五年才能問世但是它所產生的影響力要遠遠大於十部小成本的動畫片。

細數我國的動畫片電影難有力作問世，這就使我國的動畫產業缺少精品，缺少與動畫強國競爭的資本。而加利西亞的精品戰略使得他們在動畫產業佔有一席之地。所以我國的動畫產業應當力求精益求精打造精品。不過與之相鄰的第二個問題也隨之浮現，就是「人才」，從一定意義上來說人才與精品是相輔相成的「人才本土化」是加利西亞動畫的人才策略。為什麼說「人才本土化」是一種成功。我們可以舉例說明，《花木蘭》是美國的一部經典動畫片，但是它的人物和故事情節卻是來自中國，《花木蘭》在製作方面融入了大量的美國元素，使它成為了一部經典的美國動畫片。這就是經典和人才的結合。這就足以看出人才本土化對民族文化宣揚起到的作用。加利西亞的動畫基地找到了正確的發展方向。我國的動畫產業也應該受到啟發。

總結

西班牙加利西亞全新動畫基地是一座擁有國家支援的先進基地，實行「人才戰略」和「精品戰略」。引領了西班牙 3D 動畫片的發展。加利西亞動畫基地的成功就在於將「人才戰略」和「精品戰略」結合的一起。以陪養人才為基礎，用人才打造精品動

倫敦西區戲劇中心

　　莎士比亞是英國文藝復興時期偉大的劇作家、詩人，人文主義文學的集大成者。莎士比亞和他的戲劇也成為了英國人的驕傲。或許是文學巨獎的感召，或許是歷史文化的積澱英國人對戲劇情有獨鐘。所以英國的戲劇也成了文化產業的重要組成部分，作為產業園倫敦西區是與紐約百老匯齊名的世界兩大戲劇中心之一，是表演藝術的國際舞臺，也是英國戲劇界的代名詞。

一、英國戲劇產業的發展

　　英國的戲劇產業十分發達並且具有悠久的歷史。英國戲劇最早起源於對一些聖徒、偉人事蹟的傳說，然後形成故事，最後再被改編成戲劇劇本，這一自然發展過程是英國戲劇早期最簡單的發展方式。而最早的戲劇家們從民族傳統節日的表演節目中吸取精華，開始他們的戲劇創作。從此，英國戲劇名家輩出，異彩紛呈。

　　縱觀早期英國戲劇發展史，不難看出《聖經》及耶穌的故事是其創作的主要根據。早期戲劇家們不僅把《新約》中的內容搬上了戲劇舞臺，而且還將《舊約全書》中的故事，從人類創世到上帝最後的審判都寫進了劇本，漸漸地形成了一組完整的戲劇本子。到了中世紀，這批完整的組劇，以反映同一住題，相同人物的

神秘劇和奇蹟劇的形式，出現在英國早期戲劇史裡。在英國戲劇的
早期發展中主要經歷了宗教時期，道德劇時期，和藝術發展時期。

英國早期戲劇的不斷發展，帶動了相應的文化產業──戲院
的誕生；而戲院的出現和發展在早期英國戲劇的歷史進化過程中
有著不可磨滅的貢獻。早在 1574 年，英格蘭一位名叫萊斯特伯爵
的，創辦了一個劇團，並獲在英國各地演出的允許。這一活動，
可以被認為是戲劇在戲院演出的開始。約於 1576 年，第一處被作
為「戲院」的場所在倫敦北而聳立起來了。傳說莎士比業第一次
到倫敦時，就是在這個戲院找到了一份工作。在此後的 30 餘年
裡，至少有 7 個固定戲院，十幾個小型演出場所，似點點繁星，
在這個城市及郊區星羅棋佈，形成了聲勢。這個數字是了不起
的，因為在當時（1600 年），倫敦只是一座約 10 萬人左右的小城。

在經歷了文藝復興時期以莎士比亞為代表的第一次輝煌和
19 世紀末 20 世紀初以肖伯納為代表的第二個高峰，逐步形成了
以現實主義為主流的戲劇傳統，對世界戲劇的發展作出了不朽的
貢獻並在戲劇發展史上佔據主導地位。二次大戰使英國戲劇遭受
嚴重損害。戰時和戰後初期，戲劇創作蕭條。佔領戲劇舞臺的除
莎士比亞的作品外，主要是普裡斯特利（J. B. Priestley）、考沃德
（Noel Coward）、萊丁根（Terence Rattigan）等劇作家創作的中產
階級「客廳劇」和以波爾特（Robert Bolt）為代表的傳統派戲劇。
這個現象在戰後持續了大約 10 年。在此期間，英國經濟衰落，社
會矛盾加劇。在歐美文壇上，具有戰後特點的各種現代主義流派
正在競相出現。這個時代特徵對英國戲劇在表現物件和表現形式
兩個方面，都提出了新的挑戰。到 50 年代中期，一批積極投身於

實驗創新的劇作家相繼湧現。他們的劇作被統稱為「新戲」，但各自風格迥異，成就與影響也很不相同。其中有些作家自身的創作風格還在不斷變化，並不固守一轍。這種情況使戰後的英國劇壇出現了流派紛呈的局面。英國戲劇跨入了一個新的發展時期。

戰後的英國戲劇產業平穩發展了幾十年，經歷了「兩個浪潮」，第一個浪潮起始於1956年。這是因為1956年5月8日，《憤怒的回顧》首演於倫敦皇家宮廷劇院。迄今，戲劇史家仍將這一年作為戰後英國新戲實驗開始的象徵。這個浪潮延續了約10年，一度出現停滯狀態。從1968年起，又掀起了新戲的第二個浪潮。這個浪潮彙集了人數更多的年輕劇作家和風格更加紛繁的流派，其實驗活動一直持續到80年代。

90年代和新世紀的十年英國的戲劇產業逐漸成為英國文化創意產業的重要力量，其中的倫敦西區更是發展成為英國文化產業園的先鋒與典範。

二、倫敦西區的發展與現狀

1. 西區的發展和規模

與美國和其他西方國家相比英國人相對保守，所以在倫敦西區的發展過程中所體現出的就是「平穩」兩個字。縱觀戲劇中心的發展就是一個積累的過程。16世紀末，英國出現了第一家露天劇院。而由於王宮、教堂等重要建築都集中在倫敦西部地區，英國的早期劇場也就集中在了市中心一帶。此後西區的劇院不斷地

改建、增加，逐漸形成今日的規模。現在的西區劇院大多建於 19
世紀末、20 世紀初，特別是第一次世界大戰之後，西區劇院迎來
了最後一次大發展時期，雖然後來又經歷了二戰的炮火，但現在
的西區基本保持了 30 年代的格局。

倫敦西區的劇院區擁有 49 座劇院，大多數集中在沙福茲伯
裡大街和海馬克特兩個街區，方圓不足一平方英里。劇場的規模
從 400 多觀眾席至 2000 多觀眾席不等。劇院的經營均由獨立製
作公司掌控，如「大使劇院集團」（ATG），是西區乃至英國劇院
中的王者，在全國擁有二十五座劇院，西區約占半數以上。另一
家製作公司則由製作人馬金托什領軍，旗下有七間劇院。2008
年，這裡吸引全球觀眾約 1363 萬人次，創 20 年之最。

2. 西區的經營現狀

	票房（英鎊）	經濟價值（英鎊）
1997	2.46 億	7.15 億
1999	2.67 億	10.75 億
2003	大於 3 億	20 億
2007	4.69 億	大於 15 億

* 2003 年票房統計以 29 家劇院為基準 1997、1999 統計基準為 44 家

從表格中我們看到倫敦西區在進入新世紀後有一個飛躍式的
發展，此外還有一點就是西區的票房只是收入的很小的一部分，
而據不完全統計，這一平方英里的區域，2000 年以後，每年有
1200 萬以上的觀眾在倫敦西區看戲，對英國經濟的消費貢獻達到
15 億英鎊，而 2008 年倫敦戲劇市場的音樂劇、戲劇、歌劇和舞

蹈演出共吸引觀眾近 1381 萬人次，比上一年增加了 1%，票房收入總值更是達到 4.8 億英鎊，比上一年增加了 3%。

三、倫敦西區的地位

如果說中國的「國粹」是京劇，那麼戲劇（Opera）就是英國的「國粹」，由此戲劇產業在英國的地位不言而喻。而英國戲劇對世界的貢獻是不言而喻的，西區對於英國戲劇的發展所起到的作用更是毋庸置疑。尤為重要的是，時至今日，西區作為一個戲劇中心和娛樂中心，在英國的經濟中發揮了越來越令人矚目的作用，成為一股不可忽視的力量。

1999 年，西區共有 44 家劇院營業，演出 17089 場（平均每家劇場年演出 388 場），推出 265 個新劇碼，吸引觀眾 1193 萬餘人次，此外作為一項文化產業，西區還是一個出口創匯大戶，其主要外匯收入來自海外遊客和出口劇碼。

下表是西區與一些產業 1997 年外匯收支情況對比（單位：百萬英鎊）：

	出口	進口	收支差額
西區	276	50	+226
影視業	86l	104l	-180
廣告和市場調查業	475	205	+270
管理諮詢業	327	102	+255
會計業	277	83	+194

從表中我們可以清楚的看到西區的外匯收支幾乎等於英國其他行業的總和，而西區的規模充其量是戲劇產業的 1/3，足以說明戲劇行業和西區在英國文化產業的地位。

此外戲劇的票房是電影的兩倍。倫敦各項旅遊點中排在前兩位的是大英博物館和國家畫廊，而西區的觀眾數卻超過了這兩個景點的總和。需要指出的是，這兩個景點都是免費的，而西區的平均票價卻在 20 英鎊左右。在收費景點中，西區的觀眾量幾乎等同於前 6 個景點的總和。倫敦的足球現場觀眾數是西區的 1/3，門票收入西區的 1/4。同時西區還會對經濟產生巨大的拉動作用。我們會在下一段做出闡述。

四、倫敦西區的經營之道

倫敦西區作為戲劇的產業園在英國文化產業，有著舉足輕重的地位，西區能取得這樣的成功，與他的經營之道是分不開的。

1. 準確的目標定位

其實戲劇就是一種產品，一種文化產品，那麼產品就要有消費群體，商家要對產品做市場定位。那麼西區戲劇的定位是什麼呢？經營者將西區戲劇的消費者定位為：中產階級以上的有一定消費能力的觀眾群體。與票價低廉的電影和普及到戶的電視相比，戲劇的觀眾要相對固定一些。因為戲劇是一種精神層面的享受，是建立在物質層面之上的，它與電影這種娛樂大眾為主體的精神食糧有所不同，戲劇擁有更多的內涵，更高的成本，所以，

西區對觀眾的定位是：以中上等收入、受過良好教育的人群為主，多為管理階層人士。當然遊客也是西區觀眾中很大的一部分，另外經營者通過實踐和統計還發現 34 歲以下的年輕觀眾偏愛喜劇、懸念劇，35 歲至 55 歲的觀眾喜愛經典話劇和音樂劇，55 歲以上的觀眾則更喜歡話劇、歌劇和芭蕾；年長一些的觀眾比年輕人更經常到西區觀看演出，在每年平均到西區觀看演出 6 次以上的觀眾中 55 歲以上的人占 47％，25 歲以下的年輕人有 34％。這也印證了他們最初的判斷，表現了西區經營的成功。

2. 西區的創新經營

創新對於任何行業來說都是生命延續的體現，也是一個行業發展的根本。倫敦西區在發展過程中也十分注意創新，那麼戲劇怎樣創新呢？或者說一部古老的莎士比亞的經典戲劇或歌劇為什麼要創新呢？因為我們在前文中提到戲劇的觀眾群體是相對固定的，那就是說如果面對相對固定的觀眾群體如果想留住觀眾那麼一成不變的經典戲劇是無法留住觀眾的。所以倫敦西區的經營者們努力創新，僅 2007 年，倫敦西區就上演了 268 部來自世界各地的新作，共演出 1.7 萬場，不僅創造了倫敦西區的「黃金時代」，而且成功吸引了大批年輕觀眾，成為培養下一代劇院觀眾的樂園，創造了倫敦西區的「黃金時代」。這也是西區成功的亮點之一。

五、倫敦西區對周邊經濟的帶動

倫敦西區戲劇中心可謂是英國的瑰寶，它最為成功的地方，或者說園區對國家最大的幫助是園區對周邊經濟的帶動作用。我們將目光轉回前段的表格中，經濟價值和票房之間的差值是什麼？那就是西區對經濟的帶動。

更可貴的是西區為英國創造的經濟效益還帶來了可觀的就業市場。比如最直接的戲劇演員和劇場工作。戲劇是「人的藝術」，而劇院則是「人的工業」。據統計，大約有 2.7 萬人就職在與西區劇院直接有關的行業中，如劇院演職人員、售票代理人員和道具服裝製作等行業，占整個倫敦文化娛樂業從業人數的 12％；還有 1.4 萬餘人就職在與劇院相關的行業，如戲劇出版業、唱片銷售業等，更多的人則因西區的繁榮而受益，如餐飲、旅店、交通等行業。

據調查來看戲劇的人中有 70％會在外用餐，15％會在旅館住宿，如果每桌 4 人，每個房間 2 人的話，那就需要 5 千多張餐桌和 2 千多個房間。而這些與看演出相關的連帶開銷往往不會引起人們注意，但卻是不應忽視的一個消費增長點，它無形中拉動了周邊的消費市場，提供了更多的就業機會，為當地經濟發展注入活力。這些相關產業為倫敦提供了超過 40000 個就業崗位，可以說倫敦西區是功不可沒的。

從經濟作用的角度看，倫敦西區劇院同其他地方劇院的最大區別在於：大多數人都把到西區看演出當做一次重要的出行活

動，因此觀眾的消費心理和方式都會有所差別，也就說大多數觀眾並不是為了看戲劇而看的。或許有人把看戲劇當做一次聚會，那麼它所帶來的消費無疑會多出許多。還有看戲劇的人多數是中產階級以上本身就具有較高的消費水準。

可以說，如果西區離開了這些輔助產業它們也是無法生存的。因為劇院不是以今天這種相互依存的形式存在的話，也就不會產生如此可觀的經濟力量，出現一個幾百個座位的小劇院年復一年天天上演同一個劇碼仍然可以維持生存的情況了。所以說西區在帶動經濟的同時也帶動了它們自己。

六、倫敦西區給我們的啟示

說起倫敦西區給我們的啟示，首先要瞭解戲劇為英國人帶來了什麼？西區的戲劇大大滿足了英國人的自尊心。因為許多最為成功的劇作不但是英國自己製作而且完全由英國自己投資，每年還有上百種劇碼在海外演出，為英國帶來聲譽和外匯，百老匯如果失去了英國作品也會大傷元氣。這是一種民族的自豪感。而中國目前就缺乏這種民族的凝聚力，這也是我國文化創意產業所應該追求的。因為文化是無形的力量。

作為一個園區倫敦西區傳遞給中國園區一個資訊：不要讓人們單純的為了來園區而來園區，要讓遊客把園區當做活動的一部分，這樣既有利於園區吸引更多的人，又可以拉動周邊的產業，也可以相互依靠是一舉多得的做法。

結論

戲劇可以算是英國的「國粹」，倫敦西區戲劇中心是英國戲劇的聚集地，為世界的觀眾提供了精神的食糧，作為產業園，西區對戲劇做了準確的定位，以中產階級及以上收入的人群和旅遊者為目標人群，並以此取得了巨大的成功。此外西區對戲劇的創新也是其成功的根源，這樣觀眾始終保持新鮮感。最後以戲劇的魅力帶動周邊產業的發展並依託周邊行業相輔相成，取得了巨大的成功並為其他產業園區起到了示範作用。

亞太地區

泰國創意設計中心

　　眾所皆知，泰國在觀光旅遊發展上的努力與成就，一向在國際上有目共睹。泰國的人妖也會在第一時間鑽進人們的腦海中。農業國家、宗教國家、旅遊勝地，是世人為泰國打上的標籤。然而走過了亞洲金融風暴，跨進了千禧年後，泰國善用文化創意的巧思，不但成功的打造了「泰式美學」的新招牌，更是讓泰國的時尚及設計，在國際舞臺上發光、發熱，也讓曼谷成了亞

洲最傑出及最重要的時尚之都。在這個過程中泰國創意設計中心
（TCDC）功不可沒。

一、泰國創議設計中心的概況

TCDC 泰國創意設計中心，成立於 2005 年 11 月 14 日，是
泰國政府主持興建的，擁有約一千多坪的展示空間。展場分為十
個主題區，包括展出內容以十個國家英國、芬蘭、美國、法國、德
國、義大利、日本、巴西、西班牙、丹麥，就是泰國要取經誓師的
國度，十國的設計作品，泰國的設計師以十國的設計為標杆，力求
超越他們。還有圖書資料室、最新發明材料資源室、多媒體室、創
意空間、可容納 130 個座位的研習場所、創意商品展示區、常設
展、特展、賣店、廚房（咖啡室）。TCDC 是一處能夠在你養精
蓄銳「準備開始」過程階段，提供你全方位協助的能量場。

在創意中心裡最著名的是有超過 15,000 本設計圖書，享
有「亞洲最大的設計中心」跟「最新發明材料資源中心」超過
3,000 種的材質，是繼紐約，柏林及米蘭之後，世界第 4 座提供
材質資訊的 Design Center，另外整個創意設計中心展場共計有
4,490 平方公尺，共分為 4 個部分，包含以設計書籍為主的資訊
區（Resource Center）；可供借閱 DVD 影片及視聽研究的獨立視
聽室；一個固定展示區及一個不定期展示區。這些先進的設備和
場地都促進了整個中心的發展。

二、泰國創意研究中心的背景

與世界上絕大多數的文化產業園和設計中心的發展歷程有所不同，泰國創意研究中心既不是擁有歷史雛形，日積月累演化而成，也不是由民間自發形成的產業聚集區，也不是由民間資本投資建立的研究中心，而是由國家力主建設的力求提升國家設計水準，與國際設計舞臺全方位接軌的，國家所屬的研究中心，也可以簡單說 TCDC 是泰國政府為了設計而設計的研究中心。

泰國在人們的印象裡是一個相對落後的國家，提到泰國的設計產業可以直接回溯到 1997 年的金融風暴，當時東南亞國家都遭受到了嚴重的經濟打擊，泰國也不例外。但是泰國人不僅沒有一蹶不振的低下頭，反而開始思索如何利用本國的特色、資源、傳統文化扭轉劣勢，重新出發，用全新的角度於市場上重新站穩腳步，讓全世界看見不一樣的泰國。泰國的領導者當時有一句名言：經過亞洲金融風暴，我們不要再流汗流淚了，我們要集中心力在頭腦和手上，現在我們懂得，我們擁有的創意價值所在。我們相信一個人在努力嘗試過一百萬個不怎麼樣的笨辦法之後，一定已經知道如何做出一件很棒的東西。我們勞工薪資沒有辦法和中國、印度拚廉價，唯有設計可以提升我們的競爭力。正是領導者的在這種謙遜而正確的策略的引導下泰國創意研究中心應運而生。

三、泰國創意研究中心的發展特色

1. 泰國創意研究中心的理念

　　泰國創意研究中心的理念是可以歸結為：讓設計者融入藝術。他們的信條就是：將世界的設計精英吸引到泰國，讓泰國與國際舞臺接軌。TCDC 對設計有獨特的見解，即：設計不只是風格和靈感，設計是一個國家想像力的總和，是那個社會的自我形象、品味、環境、戰爭和意識，全都是這些多元議題的緊密結合產生出來的。歸結來說設計是一種源自靈感的想像力，要依託於社會，所以設計者要融入社會要融入藝術，才能使設計者的設計從滿靈性。而 TCDC 的核心理念是：發展和推廣人類的想像和創意，我們有與生俱來的手藝、豐富的在地資源和文化優勢，我們有能力創造出更有用、更美觀、更有價值的產品。

　　基於此，中心內常設展的主題就命為「什麼是設計」，這使得與一般民眾溝通和推廣變得順暢。另外 TCDC 打破了原有的設計分類提出四個從生活出發的角度，來玩味體現設計與人的關係，他們將設計分為：環境、社區、個人形象和時間四部分，其中「環境」就是以我們居住的環境如同隱喻，反映出人的焦躁不安、風情萬種或是常常想奔離、這種躁動與不安就反映了當下的現實，「社區」是指社群與社會的持續對話，人不可能完全獨立的存活於世，類似荒島求生只是一種生命的奇蹟，所以我們就需要交流這也是符合 TCDC 的將泰國推向世界的宗旨的。「個人形

象」則是一種討論，文化壓抑了自由還是促進了發展？文化有可能成為一種束縛，我們如何能夠打破這種束縛，要不要打破這種束縛，這都是在個人形象這個板塊中表現出的。「時間」是「過去、現在、未來」，在時間長河刻印著我們的期望與傳統、創新的拉力」，如此詮釋設計的故事，這樣的主張，也是創新！

2. 貼近民眾，招賢納士

在泰國政府的引導下 TCDC 坐落於直接設立在 Emporium 百貨公司的 6 樓，以方便開放的角度，讓追求時尚的人士及一般遊客，均可以輕鬆前往。其便民又親民的方式，打破了創意中心與普羅大眾的距離感及嚴肅面，不但掀起了話題，更在亞洲為創意設計中心設立了新的典範。

既然設計需要社會需要人才那麼就應該貼近社會貼近人才。要吸引充滿潛力的年輕泰國設計師來此研究做功課，還要力求吸引更多的國際設計師，現在他們做到了，TCDC 的經營者表示：TCDC 將成為一個知識及經驗來源，不僅可以激發創作想像，並協助將創意概念轉變成在世界市場上有附加價值的商品（及服務）。到那時候，創意設計中心不單只是一個展覽場地，經常展出的泰國設計師作品也將成為展覽大廳的特色，一個長期性的展覽。「何謂設計？ TCDC 要讓知識更容易傳達給設計者，要鼓勵他們創作。」

而 TCDC 也確得到了設計者的青睞，亞洲目前排名前十大廣告公司中，就有 4 家公司設立於曼谷，更讓紐約時報 New York Times 驚豔為日本東京最大的競爭對手，並預言未來曼谷的流行

時尚感染力,將取代日本東京,成為亞洲第一!這就是 TCDC 貼近民眾招賢的一個重要成果。

3. 宣傳自身

泰國創意研究中心是政府主持設立的研究中心,所以在宣傳自身的同時也是為國家搭建的平臺。TCDC 原則上一年展出兩至四檔特展,每場展覽,他們都精心準備,光是布展時間就長達一個月,這是因為 TCDC 尊重設計者,也能體現他們嚴謹的作風和不放棄任何一次展示自己的機會,透過這裡的展品,我們即將注入泰國生活的庸懶、舒緩生活步調帶入全球品牌中心,並同時還會舉辦國際巡展,這是展示泰國的絕好機會,讓世界瞭解泰國。此外 TCDC 每隔幾個月就會有一個新的免費展覽開幕,這些展覽不是向泰國人民展示世界最好的設計,就是展示泰國本地創作供當地居民及國外遊客欣賞。這些不只是宣告也是一種激勵。讓更多的人瞭解 TCDC,展覽是一種最好的方式。

四、TCDC 最新發明原料資源中心

在 TCDC 中有一個展區是非常特別的。這就是世界第四座最新發明原料資源中心,這是 Material Conne Xion 公司繼紐約、米蘭、科隆後,在全球第四個城市設立的展區。開幕之初這裡共陳列 620 種包括自然纖維、玻璃、壓克力、陶、木、水泥等不同材質。現在這裡收藏了接近五千種不同物料。所以這裡就是設計師取經和引發創作靈感的天堂。這所由泰國政府出資和全球最

大型的物料資料庫 Material Conne Xion 合作興建的物料圖書館，堪稱亞洲區的第一所。這對 TCDC 來說更是一種榮譽。為什麼 Material Conne Xion 公司要把最新發明原料資源中心建在曼谷，要知道紐約、米蘭、科隆都是國際化的大都市。

這主要與 TCDC 的配套環境和它的經營理念有關，在 TCDC 中不光擁有這個設計中心，資訊區的圖書館累積了 15000 本關於設計及創意思考方面的書籍及期刊，還有寬頻聯機的蘋果電腦檢索系統。這時的研究和設計人員能輕鬆的收集到資訊。該中心計畫在未來，每個月都將更新 33 種從 Material ConneXion 工廠直接運送到曼谷的新創意材質，以提供不同創意領域的工作者或民眾認識世界最新材質發展。

另一方面來說泰國人認為設計力就是競爭力。設計就是這裡的核心競爭力，所以這裡擁有設計者所需要的一切條件，環境、靈感、資料、創意等等。所以對曼谷來說，在一個既有獨特設計文化，手工藝又發達的城市開設設計物料博物館，可謂相得益彰。但說到底，TCDC 是面向廣大市民進行創意教育的平臺，致力提升當地人的文化修養和創意養分。泰國政府在這方面投放的資源及抱持的遠見，足以成為亞洲其他城市的重要參考範例。

五、創意中心對泰國的意義

對於泰國來說，這個中心的成立讓外界對泰國的看法有所改觀，它的意義在於，向世界顯示泰國的產品不僅限於平價商品。泰國也有世界水準的設計理念和產品，泰國本地的設計師們也可

以創出許多結合各種設計元素與技巧的產品，在這中心不管是泰國人或是外來旅客都能輕易接觸到最近設計流行資訊。這不僅是推廣觀光，同時也是積極展現該國現代文化的最佳方式。這個中心對於泰國精神層面的幫助是非常巨大的。此外尤為重要的是TCDC 對於泰國來說是一種標誌和象徵，同時也是一種理念的傳達：設計就是競爭力，而且 TCDC 打造了「泰式美學」的招牌，這也是一種創新一種民族特有的創意。

TCDC 近幾年，「泰國設計」在國際創意圈內頗享美譽，繼以品牌迅速崛起的韓國之後，泰國成為第二個以文化創意受人注目的國家，TCDC 使泰國正吸引全世界的目光，成為很多國家設計採購的聖地，也是泰國向世界展示自己，證明自己的平臺。TCDC 的核心理念是發展和推廣人類的想像和創意，我們有與生俱來的手藝、豐富的在地資源和文化優勢，我們有能力創造出更有用、更美觀、更有價值的產品。這對於泰國在設計領域的地位有很大的幫助。

六、泰國創意設計中心的啟示

泰國創意設計中心帶給我國的產業園區怎樣的啟示？其實很簡單，首先它給我國提出了一個問題。國家，政府在創意設計中心裡扮演的角色？通過上文的描述我們可以看到泰國創意設計中心的特色之一就是由泰國政府推動完成的，中心全方位的為國家服務，它屬於國家，是國家的展示平臺。同樣國家也為 TCDC 提供了更大的平臺，國家在建設 TCDC 的過程中投入了約 8800 萬

人民幣的資金，為設計中心的發展鋪平了道路。國家投資的產業園這本身就是亮點，創意中心所體現的優勢，資金或政策本身就是無可比擬的，另外國家通過 TCDC 也同時向外宣傳著相關的政策，因為本身 TCBC 就是一個運營實體。

對我國來說，我們的產業園基本上很少有國家直接投資，以國家的名義建設的園區，園區的資金大都來自企業，這就容易導致資金的斷裂和運行的偏頗，因為企業會將自身的利益放在首位。而且國家的政策得不到很好的領會，因為國家無法實際左右園區的運營，國家只能起到引導作用而不是領導作用。

我國的體制與國民的基礎都遠勝於泰國，國家應該參與或建設產業園區以更好的促進文化產業的發展。

其次 TCDC 傳達了一種設計理念，設計是核心競爭力。這是國家定位的體現。泰國人曾說「No more sweat and tears. We have to focus on brain and skill value creation. Among one million stupid ideas，at least one could be brilliant.」（經過亞洲金融風暴）我們不要再流汗流淚了，我們要集中心力在腦（智慧）和手上（實做），現在我們懂得，我們擁有的創意價值所在。（我相信一個人）在努力嘗試過一百萬個不怎麼樣的笨辦法之後，一定已經知道（如何做出）什麼一件很棒的東西。這句話表明了政府的立場和設計興國的理念。這種明確的目標是有利於產業園的發展的。

反觀我國的文化創意產業大多沒有明確的理念支持，過多的追求利益使得「文化」和「創意」的發展比較局限，因為在我國總體來說是一個買方市場，我們的創意和設計往往是根據買方的要求而定，這從某種意義是說就失去了創意的本質。歸根結底這

種狀況的形成與政府沒有起到應有的作用有明顯的關係。所以我國政府應該在 TCDC 的成功中得到啟示。學習泰國政府在 TCDC 的發展過程中所起到的作用，以便更好的促進我國文化創意產業的高速而健康的發展。

總結

　　TCDC 的成功在於它有國家的支持和材料資源中心這個亮點，為他吸引了眾多的設計者。TCDC 抱有極強的野心及希望──讓大眾親臨其境體會世界各地著名的當代藝術家與設計師們那種超俗的工作業績，將泰國城市固有的人文性格進行熱處理後重新包裝，塑成一個不失民族傳統的浪漫主義情懷，再加上創意精神、當代時尚型的都市文化，成為旅遊業國家現實的一個生存之本。泰國政府參與園區建設的問題上為世界上了一課。

馬來西亞多媒體超級走廊

　　「多媒體超級走廊」是指從吉隆坡國際機場至國油雙峰塔，總面積 750 平方公里的科技園區，是馬來西亞資訊通訊產業的核心，是加快產業結構升級和實現國家發展戰略的重要舉措。「多媒體超級走廊」主要包括：吉隆坡國際機場；吉隆坡市中心即國油雙峰塔所在地；距吉隆坡 25 公里的新政府行政中心；電子資訊城（CYBERJAYA）。其中電子資訊城是「多媒體超級走廊」的核心工程，建有多媒體大學、智慧學校、遙控醫院和醫療中心、國際學校、購物中心、居住區等，最多可容納 24 萬人。經過近十年的發展，多媒體超級走廊已經取得了初步成功，已成為馬來西亞經濟發展的重要動力。

　　馬來西亞從獨立到 90 年代迅速由原產品經濟過渡到原產品出口與來料加工相結合的外向型經濟。但經常受到國際原產品價格與國際市場對產品供需變化等不確定等因素的影響。出於產業升級的戰略需要，1991 年馬來西亞政府制定了《2020 年宏願（1991—2020）》的跨世紀發展戰略，最終目標是把馬來西亞建成一個發達的工業化國家，即 2020 年的國內生產總值是 1990 的 8 倍，以綜合要素生產力的提高作為經濟增長的主要動力，實現由勞動密集型向技術密集型的經濟結構轉變。

進入 90 年代以來，世界各國為迎接資訊技術革命的挑戰紛紛進行戰略調整，大力發展以資訊技術為核心的高新技術產業。周邊國家以高科技為經濟發展推動力的戰略規劃以及資訊化時代的競爭環境客觀上促使馬來西亞適時提升本國高新科技研發能力與應用水準，發展高附加值的資訊通訊產業，主動適應世界經濟進入資訊化時代和區域經濟競爭。在傳統產業競爭力日益衰弱的背景下，馬來西亞通過多媒體超級走廊發展資訊通訊產業，正是為實現這一目標的重要舉措。

國家	規劃	目標
韓國	核心先導技術開發計畫	選擇對提高韓國主導產業在世界市場競爭力有顯著作用的技術作為主要發展對象
菲律賓	智慧城計畫	通過安裝大容量光纜，為公司提供現代化的通訊功能設施
新加坡	資訊技術 1500 戰略規劃	建立「智慧島」的宏偉藍圖
臺灣	亞太營運計畫	著重發展資訊業和高科技產業，興建若干智慧型工業園區，加速其「科技島」的建設
印度	班加羅爾軟體技術園區規劃	顯示印度在軟體技術產業方面的獨特優勢

一、多媒體超級走廊的發展進程

多媒體超級走廊是一項從 1996 年至 2020 年的長期計畫，主要分成三個階段實施。

第一階段	1996 至 2003 年	以美國矽谷為藍本建立多媒體超級走廊，配備了世界頂尖級的軟硬體基礎設施，通過光纖將電子資訊城、國際機場、新政府行政中心等大型基建設施聯結起來，為區域內外市場提供多媒體產品和服務。
第二階段	2003 至 2010 年	將多媒體超級走廊與國內外的其他智慧城市相聯，創建數字城市。在檳州和吉打州的居林高技術園區創建「小型多媒體超級走廊」。建立以電子資訊城賽博加亞為中心，所有數碼城市和數碼中心相聯的資訊走廊。
第三階段	2010 到 2020 年	將整個馬來西亞轉型為一個大型資訊走廊，屆時將擁有 12 座「數位城市」，與全球的資訊高速公路聯接。吸引約 500 家的國際性多媒體公司在馬經營、發展及研發。

二、多媒體超級走廊取得初步成功

調查顯示，經過多年努力多媒體超級走廊在培育本地多媒體公司、提升高新技術研發能力及人員素質水準、擴大本地就業等方面均取得了顯著成果。

資金規模	註冊資金增長迅速，多媒體超級走廊以中小型公司為主，但有向中及大型公司發展的趨勢。
公司自身發展速度	上市公司數量增長顯著，2003 年擬上市和已上市公司占總數 9%，2004 年這一數字達到 14%，另外成長型公司占公司總數的 51%。
控股比例及技術結構	馬來西亞資本控股公司比例上升，從最初 48% 到 2006 年的 73%。從事代表資訊技術發展水準的核心軟體發展公司不斷增多，同時出現了公共服務及外包、影視動畫等新型發展公司。

創造的就業機會	創造的就業機會逐步增多，82.2% 的知識工人來自馬來西亞本國，人員素質與受教育的水準大幅度提升。
公司的盈利能力	公司銷售收入呈逐年遞增趨勢，盈利公司的比例從 2002 年的 30% 上升至 2004 年的 91%，數量逐年增多。
研發投入及研發水平	公司研發費用從 2002 年的 2.58 億令吉到 2004 年的 6.57 億令吉，註冊專利、工業設計及商標等知識產權方面成果顯著。
為經濟轉型和發展提供的環境支援	2005 年馬來西亞資訊通訊產業增長 8.3％，高於該產業的全球平均增長水準的 6.4％，也高於馬來西亞同年 GDP 增長水準的 5.3％，資訊通訊產業已成為馬經濟的新增長點和推動力。

三、多媒體超級走廊取得初步成功的原因

1. 馬來西亞政府將發展資訊通訊技術列入國家重要發展綱領

1994 年，馬政府成立了國家資訊通訊委員會（National Information Technology Council，NITC），作為馬政府發展資訊通訊產業的高級智囊機構。而該委員會的地位和作用在後續的大馬計畫得到肯定和重申。

第七大馬計畫：明確了在資訊時代發展資訊通訊技術是增強國家競爭力、提供勞動生產率的重要因素，並制定了發展資訊通訊基礎設施、加強資訊技術在各領域的廣泛應用等具體步驟。

第八大馬計畫：政府引導公眾及私人部門投資於建設資訊通訊相關的基礎設施。

第九大馬計畫：將發展資訊通訊技術與人力資源開發、科技創新列為經濟增長的三個推動力，重點是塑造馬來西亞作為全球

資訊通訊與多媒體中心的地位，強調資訊通訊技術在經濟領域與國民生活中的推廣應用。

在以上大馬計畫的指導下，1996 年政府制定了國家資訊技術規劃（National Information Technology Agenda，NITA），目標是將馬來西亞轉變成知識價值型社會。該規劃注重協調公共、私人與團體三者的關係，以達到共贏。

此外，國家資訊通訊委員會於 1998 年制定了資訊技術應用示範補貼（Demonstrator Application Grant Scheme，DAGS），並成立 DAGS 委員會，負責管理該政府補貼的宣傳、管理與向符合條件的申請者發放工作。在 2000 年的預算中，政府正式宣佈知識經濟計畫（Knowledge Economy Master Plan），提出從製造業為主的經濟向知識型經濟轉變。

2. 建立資訊通訊產業政策與管理的專門機構與行業協會

早在 1986 年代表馬來西亞 ICT 整體水準的電腦與多媒體產業協會（Association of the Computer and Multimedia Industry Malaysia）就已成立，主要由電腦及硬體設備提供商、軟體發展與供應商及 ICT 增值服務提供商等組成，為本國的 ICT 公司與政府及產業研究機構之間搭建了一個良好的溝通平臺。

1996 年，政府將研發實力雄厚的原馬來西亞微電子系統研究所改組為一家帶動馬來西亞互聯網服務與晶片研發技術的政府公司。隨後又成立了制定資訊通訊產業規範的馬來西亞通訊與多媒體委員會，為資訊通訊產業的政策制定與執行提供了政策保障和溝通管道。

3. 建立健全有關法律體系

為了推廣資訊通訊技術在馬來西亞各領域的廣泛應用政府出臺了一系列電子法令為多媒體超級走廊的順利實施提供了法律保障，這些法令現已成為整個馬來西亞資訊通訊業的統一規範標準，為推行電子政、商務，培養國民的電子通訊意識掃除了法律障礙。

年代	法令名稱
1997	電子簽名法令
1997	電腦犯罪法令
1997	電子政府法令
1997	遠端醫療法令
1998	通訊與多媒體法令
1998	知識產權保護法令

4. 實施鼓勵馬本國資訊通訊公司發展的優惠政策

多媒體超級走廊通過各種優惠政策來吸引投資者。符合多媒體超級走廊條件的公司將獲頒「多媒體超級走廊營運地位」（MSC-STATUS），在馬來西亞政府有法定地位的書面保證下，這些公司將享有多項財務及非財務的便利和獎勵。

馬來西亞政府給予多媒體超級走廊營運地位的公司承諾的十項優惠：提供世界級的軟硬體基礎建設；對聘請當地技術人員和引進國外的知識工人無數量限制；外資公司可獨資擁有股權；可自由在全球集資及借貸；可免除長達 10 年的盈利稅或投資稅津

貼（Investment Tax Allowance），多媒體設備進口免稅等；在區域內執行電子法令，保護知識產權；不過濾互聯網內容；電訊收費低廉；可優先投標多媒體超級走廊的主要基礎建設工程項目；一站式執行單位——多媒體發展機構提供統辦的高效服務。

除了提供一系列優惠政策外，馬來西亞政府還設立了各種啟動資金、補貼、基金，如多媒體超級走廊研發專案補貼、科學基金及技術基金、風險投資基金、人力資源開發基金等，為多媒體超級走廊的技術研發、公司發展和人才引進提供支援。

四、多媒體超級走廊發展存在的缺點與不足

風險投資機制不成熟，可提供給中小公司的風險資金不足，此外風險投資業還未能充分利用國際機構的金融資源，參與風險資金的國際競爭。

資訊通訊技術人才相對匱乏且不均衡。資訊通訊技術人才缺口明顯，需培養相關專業的人力資源，而且專業分佈也不平衡，其中技術支援、程式及軟體類人員不足，而系統分析與硬體工程師過剩。

在吸引 ICT 跨國公司入駐多媒體超級走廊方面仍有很大潛力。國際知名跨國公司的積極參與是帶動整個多媒體超級走廊的研發技術和管理水準快速發展的催化劑，但多媒體超級走廊公司中 ICT 跨國公司所占比例一直在 10％左右徘徊，擁有眾多實力雄厚 ICT 公司更是少之又少。

多媒體超級走廊較好地運用了區域整合和優勢互補，在中央政府主導下全國統一規劃，形成了可觀的規模效應。多媒體超級

走廊還邀請由 IT 業鉅子組成的國際諮詢小組為公司和政府建立了一個溝通平臺，使得公司可以更好地對政府施加影響來爭取優惠政策，而政府則可以通過國際諮詢小組來尋求更多的跨國公司投資，對於多媒體行業的發展具有積極的促進作用。多媒體超級走廊已成為馬來西亞從傳統產業經濟向知識經濟結構轉變的主力軍，也將為經濟的進一步發展創造了高效有序的外部環境。

澳洲 QUT 創意產業園

　　昆士蘭科技大學（QUT）的創意產業園區（Creative Industries Precinct-CIP），是澳大利亞第一個創意產業基地，是澳洲的創意產業發展的主力軍，是國際文化創意產業園區的成功典範，是昆士蘭科技大學（Queensland University of Technology - QUT）和昆士蘭州政府合作的結果。昆士蘭科技大學創意產業園區最初的設想來自於群集這一概念，共斥資六千萬澳元，耗時三年建造，也是澳洲第一個由政府與教育界共同為發展創意產業而合作的專案。

一、產業園的發展歷程

　　昆士蘭創意產業園區位於「Kelvin Grove 都市村莊」，Kelvin Grove 原是澳大利亞昆士蘭州的一塊軍事遺址，1998 年澳大利亞政府公開出售該遺址。受英國創意產業的啟發，昆士蘭科技大學及澳大利亞政府、學界、產業界等決定發展這一至少能夠在現代社會創造出 5%GDP 的創意產業。於是不同的利益團體形成了在原軍事遺址上創建一個都市村的意見，並決定將都市村發展為集住房、購物、商業和大學於一體的場所。之後各種住房供給計畫、公共和服務性基礎設施以及由昆士蘭科技大學提議的創意產業園區開始在 Kelvin Grove 都市村建設。

　　Kelvin Grove 都市村是一個由建築、城市設計、風景建築以及城市規劃等學科共同努力的理想工程。2001 年都市村的大部分用地建設已經達成了協議，包括昆士蘭科技大學創意產業學院、零售超市以及一些主要的住房點。2001 年底，各方就在 Kelvin Grove 都市村建設創意產業園區（CIP）達成了一致意見，同時，昆士蘭創意企業中心將遷入園區，吸引私人企業合作者，使園區成為培養、發展創意思想並使之實現商業化運作的場所。創意產業園區（CIP）成立後 La Boite 這一昆士蘭州第二大劇院公司也加入進去。

　　2004 年 CIP 一期工程已完工，園區擁有一些支撐創意工作的最先進的數位設備，在基礎設施建設和各種活動安排方面都體現了園區的建設思路，即將教育、研究、商業、居住和文化設施整合到一個創意環境之中。Kelvin Grove 都市村莊的其他部分還包括一個購物中心、醫療研究機構、房地產和商務發展公司。主要目的就是將工作與休閒娛樂、教育與企業、研究與商業運作以及家居與旅遊目的地等等結合起來。

二、產業園的現狀

　　經過幾年發展，如今，昆士蘭創意產業園區已經擁有 Cognitia 工作室、Maynard Imaging 公司，Cueball 創意公司，澳大利亞新西蘭互動設計合作研究中心（ACID），La Boite 專業演出公司，Aeroplane Heaven 公司，Those Guys 公司，The Post Lounge 公司，Coalface Communications 等眾多公司和機構。在這個創意產業園，學生有機會參與遊戲、互動軟體驅動、創新設計、3D

世界、音頻小發明、電影、博物館設備、商業產品、視頻、音樂、舞蹈和建築等方面的展示，這在澳大利亞尚屬首創。

以 CIP 為基礎，澳大利亞以 Creative Cluster 為發展目標，採用產官學共同合作的發展模式，促進創意產業人才的培養，加強與業界實務合作的管道。不僅試圖培育澳洲的創意產業人才，同時運用其學術資源與官方關係影響著澳洲在創意產業發展上的走向，並且也有與業界實務合作的期盼。昆士蘭科技大學創意產業園區內的主要實體有三個企業事業中心、兩個研究中心和一個創意產業學院。

1. 教育和培訓

昆士蘭省是一個極重視發展創意產業的地區，而昆士蘭科技大學（QUT）則是傾全力運用教育與學術資源試圖培育創意產業人才的高校，提供靈活的跨專業學習和跨院系雙學位學習的機會。在 QUT 的創意產業學院下，包括音樂、創意寫作、廣告、新聞、大傳、設計、舞蹈、視覺藝術、電視媒體、動畫等大學部的科系，而研究所則包含廣告、藝術、新聞、音樂、傳播設計、策略性廣告、舞蹈教學、數位媒體、藝術管理與創意事業等類別，講求創意與商業的結合性，所有創意專業均獲得澳大利亞教育部及有關協會資格認證。據統計，創意產業學院現有在職教職員工 120 人，學生 3000 餘名。而所有學術的討論、術科的修習與軟體的應用，則在 CIP 的大樓內進行。

CIP 大樓擁有令人豔羨的數位化設備，包括一個寬敞的 TV studio，能夠讓修習電視製作的學生有先進的設備與場地進行實

務上的規劃、拍攝與後製訓練，另有展演場地與圓形劇場，還有提供給流行設計學生的 studio，以及包含設計軟體、ACNielsen 系統及 Mac 電腦中心。

2. 研究中心

CIP 最初包括澳大利亞國家研究理事會創意產業研究中心（CCI）和創意產業研究與應用中心（CIRAC）。兩個中心主要研究澳洲在創意產業上的事務發展，以及其他國家特，別是亞洲地區，在創意產業的應用，進而提供澳洲政府發展上的策略與規劃。此外，CIP 還是互動設計中心（Interaction Design Centre-ACID）的辦公室所在地。

3. 企業事業中心

創意產業事業中心（CIEC），主要提供靈活的空間和通道為一些新創意的產業化開發和交易服務，提供新事業的產業化開發與運行平臺，集聚一些數字媒體、設計、劇團等企業，交易的實現往往是通過與大學教職員工和學生協作來提供真正創意實踐和創意內容而完成的。

三、CIP 的發展理念

CIP 強調對中小企業的孵化，鼓勵中小型創意企業利用園區的平臺進行創業。園區創立至今已收到了與集中佈局相關的某些成效，包括促使知識在公共機構和私人企業之間進行轉移，為學生提供工作經驗和崗位以及提供將研發成果商品化的機會。

　　CIP 已發展成為一個多種用途的擁有居住區和零售商的都市村，為設計者、藝術家、研究人員、教育界和企業家提供了一個方便地相互聯繫和合作的平臺，促進不同年齡層、不同背景、不同生活方式以及不同收入水準的人聚集以碰撞出創意思想，提升創意產業的發展動力，形成並發展新的創意思想，壯大了昆士蘭省的創意產業部門。

創意產業事業中心	位於創意產業園區內，主要為一些新創意的產業化開發和交易服務提供靈活的空間和通道。這種交易的實現往往是通過與大學教職員工和學生協作來提供真正創意實踐和創意內容而完成的。
凱文格羅夫都市村	昆士蘭科技大學與昆士蘭政府的連接仲介機構。昆士蘭科技大學在都市村首先發展起來的是創意產業園區和健康與生物醫學創新研究院。後來陸續補充並擴建了教育學、健康保健、司法研究等教學與研究機構，形成了今天的凱文格羅夫校區。
ACID 互動設計中心	它是一個股份有限公司，部分資金來源於聯邦教育部。該公司有一個超過 80 人的由理論界、產業界研究人員和研究生組成的團隊，在創意內容和產業之間架起了一座橋樑。ACID 研究團隊的工作通過新的產業以及和大學的合作關係成為整個澳洲乃至國際上的重要力量。ACID 的經營領域主要有遊戲開發、數位藝術、表演和視覺藝術、設計、電影、電視和多媒體。
澳大利亞國家研究理事會創意產業研究中心 CCI	該中心建於 2005 年 7 月，是澳大利亞政府經由澳大利亞國家研究理事會（ARC）投資建立的第一個非科學工程技術領域的國家社科基金項目研究中心，也是一個以 QUT 為主由澳大利亞六所大學加上 ACID 組成的聯合研究中心。該中心由專家委員會、管理委員會、顧問委員會和董事會組成。
創意產業與創新研究院	ICI 建於 2005 年 8 月，取代了創意產業研究和應用中心，是 QUT 一個更大的包含各種學科的研究機構，由建築環境和工程、商學、創意產業、教育學、資訊技術、法律等院系組成。

　　創意產業集聚區已經成為澳大利亞創意產業發展的良好載體，也為澳大利亞創意產業提供了獨特的發展環境。集聚區內企業間存在密切的聯繫，形成本地生產網路，體現了創意聚集的目標。創意者個人被該環境吸引，形成創意產業的主導力量——創意階層。而創意階層又能夠加強該環境的創新氛圍，新的產品、設計和行銷能為本地帶來豐厚的利潤，使地方基礎設施的建設有了物質保障，並能吸引更多的創意者來到該區域。

　　昆士蘭創意產業集聚區是官產學研相結合的集合體。除昆士蘭州政府和昆士蘭科技大學之外，昆士蘭模式中的投資者還包括創意產業集聚區有限公司和與之相關的企業中心，澳大利亞創意產業與創新國家重點研究中心（CCI），大洋洲互動設計合作研究中心（ACID），La Boite 專業戲劇演出公司等產業界和學術研究界的機構。

四、CIP 的啟示

　　澳大利亞昆士蘭科技大學創意產業園的發展歷程顯示，文化創意產業集聚區的形成是從「文化創意企業在空間上簡單集聚」到「企業之間建立業務協作關係，打造創意產業鏈」，再到「形成具有創新能力和競爭優勢的產業集聚區」的過程，是政府、企業、高校、仲介機構、網路媒體以及創意人群從分散行動到相互間協同合作、專業分工逐步加深的過程。昆士蘭創意產業集聚區是一個比較典型的官產學研相結合的產物。這個由官、產、學共同合作而形成的集聚區，不僅試圖培育澳洲的創意產業人才，

印度寶萊塢

　　寶萊塢（Bollywood）是位於印度孟買的廣受歡迎的電影工業基地的別名，被稱作是「印地語（Hindi）的影院」。

　　電影是博大精深的印度文化的一個重要組成部分，它以藝術的方式向世界展示印度、宗教、歷史、社會等各個層面的內涵。1913 年第一部印度故事片誕生至今，80 餘年來印度電影業已成長為一個年營業額約 500 億盧比（12 億美元），擁有近 200 萬工作人員，年產 1200 部影片的龐大行業。1200 部影片中的 800 部是故事片，其餘 400 部是商業廣告片電視片和譯製片，相當於我國電影年產量的 8 倍，好萊塢的 3 倍。歷經一個世紀的風雨之後，印度建成了以「寶萊塢」為核心的電影工業基地，成為世界無可爭辯的「電影帝國」。

　　寶萊塢和印度其他幾個主要影視基地構成了印度的龐大電影業，每年出產的電影數量和出售的電影票數量居世界第一。寶萊塢對印度以至整個印度次大陸、中東以及非洲和東南亞的部分的流行文化都有著重要的影響，並通過南亞的移民輸出傳播到整個世界。

一、寶萊塢的發展歷程

上世紀 80 年代,「寶萊塢」經歷了一段風雨飄搖的歷程,在製片投入、商業運作和市場開拓上的混亂嚴重制約了它的發展。那時寶萊塢將電影作為商業來運作還處於混沌階段,電影在全球的觀眾量以每年 15% 的幅度迅速增長著,但是贏利的只是少數片子。觀眾之多而收益慘澹的不平衡現象意味著寶萊塢在製片投入、商業運作和市場開拓上的落後。

長期以來,印度電影業沒有一家成氣候的製片公司,整個行業呈現高度散亂的形態。侵權盜版現象嚴重,資金嚴重匱乏使得電影拍攝條件非常簡陋,幾乎沒有編劇、導演或演員在工作中簽訂書面合同,而明星們的報酬通常要占到整部影片預算的 40%。事實上,儘管大獲成功的寶萊塢影片能夠獲得 100% 的回報,但90% 的寶萊塢影片是虧損的。

2008 年的經濟危機使得寶萊塢面臨新一輪的困境。電影版權價格大跌、板球比賽的播出以及與多放映廳影院運營商之間的糾紛,令寶萊塢電影業受到重創。印度主要製片商表示,在這個全球最高產的電影製造業中,電影明星的演出費自達到峰值水準以來已跌逾 80%。同時正在審批階段的新片數量減少了 30% 至40%。

2008 年之前,世界曾有大批資金和企業湧入寶萊塢,其中包括印度億萬富翁安尼爾・安巴尼旗下的信實娛樂。好萊塢電影公司維亞康姆、NBC、索尼及時代華納對印度電影和付費電視產業

的投資總額高達 15 億美元。然而日益濃厚的興趣也導致了成本飆升。一些市場新軍試圖通過購買內容以迅速建立電影播放庫，使得製作新片的成本出現泡沫。印度新推出的有線頻道數量激增，也起到了加劇泡沫的作用。最新推出的專門為電視播出而設計的印度板球超級聯賽（IPL），也使電影業受到擠壓。經濟危機則戳破了這個泡沫。

寶萊塢電影業面臨的另一個挑戰是製片商與多放映廳影院運營商之間的糾紛。因為在收入分成模式上與製片人意見不合。一方面，製片商集體罷工，要求更改與多廳影院之間的票房利潤分配模式，否則拒絕提供印地語新片。另一方面，多廳影院拒絕放映寶萊塢影片，製片商和多廳影院關係交惡更是給寶萊塢造成巨大損失。

二、寶萊塢的經營之道

1. 寶萊塢有回天之術

在過去，印度政府長期把寶萊塢歸於二等產業。電影團體遊說幾十年之後，政府終於把電影業列為正式產業，這使得電影業在印度奇特的控制型經濟體系中有了正式的位置，並首次合法地得到銀行貸款和安全保障，並發行債券。2001 年印度工業發展銀行成為首家進入電影融資業的銀行，貸款 1350 億美元給 14 家寶萊塢製片商。

　　新德里還宣佈了一項計畫，將廢除向新型綜合性影劇院所徵收的高達 100% 的娛樂稅，這意味著影劇院的票價將下降一半左右；而在未來 5 年內印度極可能新增 450 家綜合性影劇院，目前絕大部分破舊不堪的 12000 家電影院也將得到良好的修繕。

　　民間資本也開始流向電影業。兩家名為「Insight」和「iDream」的製片公司開始把一套精明而講究實效的商業運作模式運用到缺乏商業頭腦的寶萊塢中去。這樣的做法的確讓寶萊塢煥發了生機。「iDream」製片公司投資的兩部影片《季風婚宴》和《像貝克漢姆那樣》在票房上都取得了極大的成功。如今這兩家製片公司正試圖發展成美國獨立製片公司的模式。

　　此外，印度龐大的內需市場吸引許多好萊塢製片大廠與外國投資人。例如，索尼影視娛樂公司與印度娛樂集團 Eros 國際公司達成數千萬美元的協作協定，發行第一部由好萊塢出資製作的大作印度語電影《魔幻藍詩》。

　　由於印度電影業在市場中的崇高聲譽，在過去的 5 年中年增長率達到 15%，是印度國內生產總值（GDP）年增長率的 3 倍。印度開始認識到本國電影業的潛力，採取越來越多的優惠政策來扶持寶萊塢的發展。

2. 寶萊塢發展特色領域

　　在政府的政策鼓勵下，寶萊塢的製片路線以商業娛樂為主要導向，劇情大多通俗易懂。而且由外貌出眾的演員擔綱演出愛情故事，歌舞排場華麗。值得一提的是，雖然印度電影有諸多類型，但幾乎都是歌舞片。一般每部電影有五六首歌曲，電影上映

前流行歌曲就扮演了非常重要的角色，還能夠推動票房收入。近年來寶萊塢的歌舞片電影甚至風行到美國好萊塢，北美、歐洲及澳大利亞等地也都掀起觀看寶萊塢電影的風潮，學跳寶萊塢的舞蹈，成為印度最為引人注目的文化輸出項目。

上世紀 90 年代，印度動畫開始承接來自美國的軟體服務外包。動畫製作耗時巨大，製作成本很高，而印度則被美國人選作動畫車間。印度動畫公司最初為跨國公司做宣傳片，後來發展到將好萊塢整部大片全權負責。而印度自身的動畫產業起步較晚，2005 年印度觀眾才迎來了第一部國產動畫電影，雖然上映後未取得理想票房，不過其開路前鋒的角色足以讓印度人自豪。同年印度第二部動畫電影《哈努曼》佳音頻傳，在各大院線的上座率極好，令製作方印度字動畫娛樂公司收穫頗豐。

近些年來，「動畫」成了印度寶萊塢的熱門辭彙。不管是寶萊塢影片所採用的動畫特技，還是全三維的動畫電影，都少不了「動畫」的特殊身影。動畫產業成為了印度最受資本歡迎的一項產業，幾乎每個投資商都試圖從中贏取利潤。印度影視公司之所以紛紛涉足動畫領域源於強大的經濟驅動力。據印度產業評估機構計算，印度動畫產業正以每年約 30％的高速猛增，而 2006 年印度的動畫業產值為 3.6 億美元。

印度蓬勃發展的電腦技術吸引了全球數碼企業目光，基於高新科技的印度現代動畫產業也漸受世界各國企業關注。2007 年印度寶萊塢最著名的電影公司亞什‧拉吉與美國華爾特‧迪士尼公司展開了全面合作。除了迪士尼這樣的動畫業巨頭外，其他一些國外動畫公司也開始進軍印度市場。例如，美國的動感圖元電

影公司與印度普雷蒂斯南迪傳播公司簽訂了合作協議，準備聯合拍攝 5 部動畫電影。印度國內的投資商們也開始將多部印度本土電影都準備改編成動畫版本。其他行業與動畫業的聯動也日見成效，兒童服裝品牌、玩具品牌、傢俱品牌企業紛紛注資，與印度寶萊塢合拍動畫電影。

與常規電影相比，印度動畫影片尚屬稚嫩，因此印度動畫界頗費心機地努力構建出完整的產業鏈系統，以貫通動畫內容、動畫市場及發行管道等。印度的動畫企業還對產業發展做出不同嘗試，不局限動畫電影的觀眾市場，盡力拍攝能夠滿足所有年齡層、所有語言觀眾喜好的作品。製片商們還瞄準了全球動畫市場，所拍的影片將以多種語言同時發行。

三、寶萊塢的管理弊端

印度電影業的日常運作弊端重重。

首先，電影明星可在同一時期參加 6 部電影的拍攝，並從不告訴製片人他們能否按時到場。明星的薪水一般占影片預算費用的 40%，只留下少數經費給編劇、前期策劃和後期製作。在寶萊塢當演員正在記每個鏡頭的臺詞時，常常又匆忙地改寫腳本，由於要向演員支付「加班費」，也增加了額外的開支。

其次，印度電影的製作費用和製作時間也經常超出計畫範圍。例如，反映明星多角戀愛的故事片《德夫拉斯》的拍攝費用為 1000 萬美元，拍攝時間為兩年，都分別為原計劃的兩倍，成為寶萊塢耗費最高的影片。究其原因，主要是管理不善。例如，

一場難以理解的大火燒毀了價值 250 萬美元的佈景；女演員馬德哈裡 · 迪克希特穿的一件用金線繡制的綠綢戲裝價值達 3.1 萬美元；最後還出現了投資方資金濫用的醜聞等。

即使寶萊塢的巨片產生了 100% 的投資回報，但其中 90% 都用去抵消虧損。印度電影業需要許多年才能達到好萊塢的效率和生產價值。正如 GW Capital 基金的 CEO 維夏爾 · 尼瓦蒂亞說：「印度電影業要做大量的管理工作。」

四、寶萊塢的遠大前景

寶萊塢以及印度南部的地方語言電影產區每年製作電影逾 1000 部。受雇和相關從業人員約 700 萬人，每年產值近 21 億美元，近年來成長率高達 30%，預計到 2011 年產值將達 44.2 億美元。這是一個為電影而狂熱的國家，印度境內 11.47 億人口所構成的龐大內需市場成為支撐龐大產業的主力，每天有 2,000 萬人次以上的觀眾走進電影院，每年大約要售出 30 億美元的電影票，僅 2008 年就比上一年增加了 13.7%。只是與國際上絕大部分國家和地區不太一樣的是，外國電影在這裡佔據的市場份額少之又少，只有 5%。

印度市場在美國電影業眼中，無疑是一個尚未開發的金庫。不過，好萊塢電影至今並沒有從寶萊塢搶到太多市場。印度電影的流行是因為它們反映本地文化、民眾期望和社會問題。近來好萊塢電影開始配上地方語言，這只能在很小程度上改善它的市場地位，不過不愧是有力的嘗試。

東京秋葉原動漫街

　　說到動漫產業很多人都會聯想到日本，的確他們的動漫產業是走在世界的前列，而東京秋葉原的動漫街是日本動漫的聚集地之一，同時也是動漫的領軍之地。

一、秋葉原的歷史

　　江戶時代，秋葉原一帶曾是下級武士的居住地。明治以後，日本開始進入電氣化時代，出售電線、開關、配電器、收音機器件的批發商人開始在秋葉原隨之成長起來。第二次世界大戰後，秋葉原在廢墟之上再次集聚了很多商店，經營電器零部件，後逐漸發展成為家電街。到 20 世紀 80 年代中期，秋葉原地區開始以電器零售聞名遐邇，充足的貨源和最新的產品充斥了這裡的每個角落。每逢節假日或大型活動，整個秋葉原都擠滿了搶購的人群，盛況空前。

　　然而隨著家電商品飽和，秋葉原轉而把目光投向電腦行業，其轉型速度之快令人驚異。僅僅幾年時間，秋葉原就成為了日本最大的電腦愛好者集散地。顧客也從一家之主變為樂於接受新鮮事物的年輕人。最初，這些年輕人出於共同的愛好、交換遊戲軟體、相互交流聚在一起，後來美妙的原創夢想讓這種聯繫更加緊

密，於是一個個同人社團誕生了。雖然當時的社團無論在規模上還是技術上與現在相差懸殊，但這種合作方式卻被如今OTAKU沿襲。

御宅（Otaku），書寫上通常以片假名オタク出現，日文字面意思是指「你的家」，一種對人比較尊敬的稱呼。20世紀80年代動漫畫迷之間以「御宅」互相稱呼。如今，「御宅」是指一些人過分沉迷於某種事物，如漫畫、遊戲等。他們每天不斷尋找新的資料來更新自己所沉迷的事物，不會主動去接觸其他的事物。秋葉原當時同人社團參與者的水準還遠遠達不到OTAKU的要求，也就沒有資格稱為動漫Fans的朝聖地。然而不久之後，促進OTAKU文化發展並在日後帶動秋葉原繁榮的重要力量出現了，那就是網路。由這類具有特殊人格的人所組成的虛擬群體在特定的歷史與社會條件下顯現出來，成為改變秋葉原的巨大動力。

互聯網的出現使御宅族更易將自己封閉在家中，不但能與人保持距離，還可建立起虛擬的社區和留言板，足不出戶便能共用資源。與此同時，御宅族開始在網上發佈一些小到改編人氣動漫的作品，大到真正的原創動畫供人流覽。秋葉原瞄準時機開展了多項針對同人社團的大型聯誼會、招商會，眾多有潛力的新人和有價值的原創腳本、軟體都在此金石閃光。

直到20世紀末，秋葉原才開始真正享有「動漫聖地」這個美譽。當時秋葉原地區除了販賣電器商品為主的商店外，為動畫和遊戲發燒友開設的專賣店數量逐漸增加。在90年代家電販賣不振的情況下，Otaku的產業規模急速巨增。1997年ACG專營店Gamers落戶秋葉原，1998年K-BOOKS及海洋堂接踵而來，1999年被稱為Dejiko的Gamers大樓建造完畢。秋葉原商家所出

售的東西，從當初的影碟、遊戲軟體等電腦周邊商品開始，逐步擴大到漫畫、同人雜誌、玩偶、卡片等商品。秋葉原也自此成為觀光勝地。

二、秋葉原的現在

作為日本乃至世界最著名的動漫產品販賣地——秋葉原，經常出沒於此的 OTAKU 自然充當了消費主力軍，市場以 OTAKU 的偏好為導向不斷進行調整，直到建設成今天的動漫天堂。

2000 年以後，動漫在秋葉原無處不在：月臺上的大幅美少女看板，大街上免費派發宣傳品的「角色扮演者」，超大螢幕電視滾動播放的最新同人遊戲、動畫，針對某個作品建立的主題餐館。滿大街都是動漫商店、漫畫茶館、遊戲廳、寵物小精靈店，整個街區感覺就像一個遊戲殿堂。當然，秋葉原最具特色的還是女僕咖啡和執士紅茶，前者是男性漫迷的嚮往，後者是女性漫迷的最愛。徜徉於秋葉原仿佛感覺自己是生在虛擬世界的王子、公主。

2006 年，作為日本流行文化中心而受到國內外關注的秋葉原，成為日本動畫資訊的發佈中心。與此同時，名為「東京動畫中心」的大樓在 2006 年 3 月建成。動畫中心位於秋葉原站前高樓林立的「秋葉原 UDX」內。大樓連同附近的田徑運動場，是擔負動畫文化資訊發佈的主要場所。大樓內除了東京動畫中心以外，還有設計博物館和數位內容研究會等場館，並裝配了最為尖端的放映設備、預計能夠容納 170 人的劇場大廳，每年中會有 200 天在此興辦動畫片的試映會、動畫製作人員和聲優見面會等活動。

很多訪問日本的外國觀光客慕名來到這裡。日本觀光旅行產業集團聯合會免費向外國觀光客介紹秋葉原，並每週舉辦「秋葉原新發現旅行團」。這是用英語做嚮導的逛街團，深受外國觀光客的歡迎。

1. 電器街

原以電器發家的秋葉原，以秋葉原車站西側的中央大道和神田明神大道為中心，這裡大大小小約有 250 家電器店。然而 1994 年秋葉原電器街的電腦相關產品銷售額超過了家電銷售額。秋葉原也漸漸變身成以電腦、手機、網際網路相關產品為中心的多媒體大街。

位於 JR 秋葉原車站東口的 YODOBASHI CAMERA「多媒體 AKIBA」店已開張營業。店鋪面積達 2 萬 7000 平方米，是日本最大規模的家電產品量販店。預計此店的開張將會吸引更多新的顧客，在一定程度上恢復秋葉原電器街的人氣和聲望。

2. 電腦街

2005 年秋葉原與築波市之間開通了築波高速專列，同時位於 JR 秋葉原車站前交叉路口區的 31 層高層建築——秋葉原大樓正式開業，這些舉措必將大大加快秋葉原在 IT 產業的發展。在產學攜手一體化的目標下，從事高級科技應用研究的民間企業以及東京大學的附屬研究機構等 18 個機關已入駐秋葉原大樓，此樓也將成為 4000 名商務人士和大學機關研究者的活動中心地。大樓的會議中心將舉辦各種學術發表會、公開論壇以及研討會。

2006 年，另一座名為秋葉原 UDX 大樓的建築竣工開業。大樓 1 ～ 4 層開設咖啡店、餐廳、數位技術研究教育室、多功能音像工作室；6 ～ 22 層則為出租型辦公間，一層面積約為 1400 平方米，將成為日本國內規模最大的辦公樓。

隨後，富士軟體 ABC 秋葉原大樓、奧利克斯秋葉原大樓等依次竣工。秋葉原大約會有將近 4 萬名就業者出現。

3. 御宅族之街

80 年代至 90 年代間，在電腦的普及以及技術革新浪潮的推動下，許多遊戲愛好者開始流連於秋葉原。他們模仿遊戲中的場景佈置以及出場人物裝扮的茶館也在此時出現。隨後女服務生模仿遊戲中的穿戴進行營業的咖啡店也陸續登場。集漫畫茶館和遊戲咖啡店於一體的店鋪也頗有人氣。秋葉原大概有 10 家以上類似這樣的店鋪。

常去秋葉原的御宅族當中有不少是動畫迷。以人氣動畫作家的同人雜誌為銷售對象的商店在秋葉原日漸增加。出售動畫主人公小雜貨、運氣占卜牌以及玩具的商店也非常興盛。

4. 國際化區域

20 世紀 60 年代，日本的製造技術趕超世界領先水準，家電產品也受到世界人民的青睞。到日本來旅遊、出差的外國訪客開始光顧秋葉原，購買日本的家電產品作為禮物。面向這些外國顧客的免稅店以及擁有免稅櫃檯的商店逐漸增多。

2003 年日本國際觀光振興機構的調查表明，7% 外國遊客曾參觀過秋葉原。秋葉原西口商店街振興會於 2004 年 11 月成立了

觀光部，在東京都內以賓館為主的 120 個場所發放了標有英中韓三國語言的秋葉原地圖。

可以說秋葉原已成為一個國際化的奇妙場所。

三、秋葉原的未來

秋葉原的成功和崛起令其聲名大噪，曝光度大增，相關電視臺常常採訪秋葉原的女僕咖啡店和御宅等，研究秋葉原的書籍也相繼出版。第九屆威尼斯建築雙年展中，日本館展出了有關 Otaku 的作品，更讓御宅及御宅趣味化了的秋葉原揚名海外。

然而正當世界開始注意御宅化趣味了的秋葉原時，秋葉原已經慢慢出現了變化。21 世紀初的秋葉原開發計畫把秋葉原重新定位為國際性的 IT 中心。基於這一目標，秋葉原陸續開發了位於車站東西側的舊國鐵（JNR）、秋葉原貨物站及舊神田市場，多幢高樓於 2005 年後陸續落成。

一方面，「築波快速」鐵路（つくばエクスプレス）於 2005 年通車，將秋葉原與「學術研究都市」築波連接起來，增加了前往秋葉原的人流。「秋葉原 Crossfield」（秋葉原クロスフィールド）於 2006 年落成，這是一座 24 小時運作、以 IT 為中心、31 層高的多用途大樓，是以期帶領秋葉原走進「資訊科技城市」（IT City）的先鋒。Crossfield 旁的 Tokyo Times Tower 則是另一座 40 層高的大樓，為「IT City」提供了舒適的居所。在電氣街的另一邊也有大規模的與 IT 相關聯的開發。另一方面，Gamers 舊本店的遷移、Dejiko 大樓從秋葉原的街道上消失。從 2004 年 7 月

起路上廣告版被禁止等措施,使得秋葉原的「御宅」特色將漸漸退去,造成秋葉原的景觀被改變外,也必定將改變秋葉原內的客人性質,對現在的御宅街造成一定的衝擊。

　　未來的秋葉原不僅要鞏固其世界一流動漫交流場所的地位,還要成為國際性的 IT 和資訊服務中心。以成為 IT 都市大型的開發計畫會主導了秋葉原的發展、未來的秋葉原會變成 IT 都市還是御宅街與 IT 都市兩者共存,甚至是 IT 都市被御宅所同化,這場角力的結果還有待觀察。

四、秋葉原的成功之道

　　秋葉原動漫街不但產生了巨大的經濟利益,還創造了巨大的社會效益。秋葉原的成功與日本動漫產業的成功密不可分,兩者之間已經形成相互促進的良性機制。日本動漫產業的發展主要基於以下幾點:

1. 產業鏈銜接良好

　　日本動漫產業具備了 4 個產業特點。

規模形成	動畫播出、漫畫銷售、衍生品銷售、動漫廣告在日本隨處可見,已影響到日本整個社會生活。
複製效果明顯	動漫出版物和衍生品是最典型的複製產品,具備產業化基本特徵
商業模式確立	日本動漫各環節都具備了投入產出良性模式,形成有現金流支撐的產業鏈模式。
持續經營	20% 至 30% 作品的成功率,保證了創作熱情和成功產品的深度開發,動漫產業形成了持續發展勢頭。

　　日本已經形成的產業模式，也是典型的以漫畫為基礎發展產業的模式：漫畫出版──動畫製作播出──版權授權──衍生品生產及銷售──部分動漫作品外銷授權──成功動漫產品的深度開發及新動漫產品開發──良性再迴圈，極具品牌價值的可以開發具備混合消費模式的主題園區或主題店。各個環節密切聯繫、有效運轉，成為日本動漫業持續快速發展的主要原因之一。

2. 消費市場廣泛

　　日本動漫產品的提供者和消費者形成了良性互動態勢，許多青少年對繪製漫畫有濃厚興趣。日本的漫畫出版遵循低成本原則，新聞紙膠版印刷每冊定價約 25 元人民幣以下，每冊在 150 頁左右。這樣不會對消費者構成消費障礙，有利於市場打下扎實基礎。因為有廣泛消費的市場才會導致供銷兩旺的局面。此外，漫畫出版和付費有線電視的結合、衍生品的及時推出又相互促進，形成綜合消費。

3. 合作機制清晰

　　日本動漫產業鏈條形成了分工合作的模式，漫畫工作室、動畫工作室、版權代理事務所、印刷出版企業、圖書發行企業、電視臺、雜誌社、動漫衍生品生產和銷售管道等都形成了界限分明的合作機制，力爭把自己範圍的工作做得最好。

　　漫畫動畫工作室與企業資助合作也形成很好的模式，比如鐵臂阿童木和電器公司的捆綁模式被廣泛推廣，企業既資助了漫畫、動畫工作室，同時借助漫畫動畫的廣泛傳播帶動資助企業品

牌廣為認知，企業品牌也增加了文化附加值。

　　日本動漫產品創作比較踴躍，創作者清楚產品推出和市場認可的風險關係，20% 至 30% 的作品會被社會認可，5% 的作品可以成為比較成功的作品，1% 的作品會成為持久發展的品牌。形象可愛、成為偶像、貼近人性、深入人心是動漫形象設計追求的目標。

4. 培養受眾用心

　　日本動漫作品大致分為面向青少年和面向成年人兩類。

面向青少年	科幻、偵探、童話、校園、勵志、規勸、搞笑、幽默、探險、女生等主題構成主要內容。
面向成年人	搞笑、幽默、調侃、驚險、家庭等內容。

　　日本的動漫銷售非常普及，除了隨處可見的動漫書店、衍生品專賣店，商場和超市都有玩具、漫畫書、CD 動漫遊戲光碟、衍生品售銷，電視臺也幾乎都有動畫時段或動畫頻道。在書店和電視預告中可明顯看出對動漫書、電視劇的預告和預訂啟示，還有設立了一些俱樂部，在這些舉措中均可見動漫產業對受眾培育的良苦用心。

5. 以量取勝

　　日本動畫產業的發展模式。

　　由於製作成本低、速度快，同時由於日本在國內已經獲得足

夠的收入，能夠以低廉的價格外銷，因而日本電視動畫系列劇很快地佔領了國際市場，踏上了「全世界數量最多的動畫片生產基地」之路。

日本動畫電影的製作日益打破大公司壟斷的局面，徹底走向了普及化。目前，日本共有約 400 多家動畫製作公司，包括「貼牌生產」型的來料加工公司、聯盟公司和集團公司等多種類型。中小公司製作動畫電影的能力越來越強，每週能生產 70 到 80 集動畫作品。

同時，中國、韓國、印尼、菲律賓等國家地區的一些動畫生產公司被納入日本動畫產業的鏈條，成為廉價而高效的「貼牌生產商」。因此這艘產業巨輪的生產能量巨大，其連帶生物鏈的細密程度也很驚人。

6. 模式的多樣性

日本「有限動畫片」的製作模式開拓了「漫畫－電視－電影－電玩－玩具」迴圈式銷售系統，讓出版商、電視臺、電玩生產商、玩具商都能獲得巨大的收益。

漫畫	日本之所以形成「漫畫 - 電視 - 電影 - 電玩 - 玩具」發展模式，是與日本獨特的漫畫文化分不開的。日本人不管男女老少，都癡迷於動漫及相關文化。日本動漫文化的定位也非常準確而廣泛，絕非單純面向兒童。日本人能將任何事情都畫成漫畫，並改編成動畫電視或電影。經過多年的積累，日本的漫畫出版量已經佔據世界第一位，其品質也不斷在提高。目前，漫畫出版業大約占日本全國出版銷售總數的 40%，銷售總額的 20%。

電視	動畫產業則借助漫畫產業這一巨人的肩頭，迅速而全面地發展起來。一部成熟而暢銷的漫畫書，其人物形象和故事情節深入人心，並通過長期的大眾傳播業已在社會上形成一定數量的「追星族」或「發燒友」，他們成為潛在的影視鐵杆觀眾。
電影	日本動畫電影在日本各年電影票房中也佔據著重要位置，其中多半都是以早就深入人心的電視動畫連續劇為基礎進行創作的影院版。相對電視動畫連續劇，這些影片製作更加精良，故事更加緊湊生動。這是一種極其討巧的方式：電視連續劇的長期播送，已經培養了固定的收視人群；而稍作改變的故事情節，又會引起鐵杆觀眾的津津樂道；另外，成熟的電視劇基礎，使製片費用可以壓到最低。
衍生產品	衍生產品在日本除了傳統的衣服、鞋帽之外，更重要的是日本的電玩和各類玩具。與迪士尼一樣，衍生產品的銷售在日本動畫產業中佔據重要地位。大多數日本動畫公司的作品都把後期衍生產品作為最重要的資本回收的手段，因此更加重視傳播的效率和製作效率。而動畫片本身則以較低的價格甚至是免費給電視臺播放。

其實動畫行業的模式也不是那麼純粹的。例如，從成片賣給電視臺播放取得播映費，到相關音像產品的銷售，再到相關形象衍生產品的銷售，其收益也分成了多個步驟。日本動漫工業的成熟在於，任何一個環節都可以使優秀的產品獲益。雲雀公司就是在電視播映環節回收全部成本外加利潤；東映這樣的大型公司則可在各個環節獲利；中小公司則完全靠周邊產品獲益而將片子免費給電視臺播放以擴大宣傳。

吉卜力美術館

在喜歡宮崎俊動畫的人的心目中，吉卜力美術館基本上算是不能不去的朝聖地，整個美術館猶如宮崎俊諸多經典動畫的主題城堡，在迎接遊客入口處赫然一隻大龍貓站在售票廳中咧嘴大笑，而視窗上的小牌子卻寫著「真正的接待請往右走。」一位動漫大師的力作帶來了無限的幻想。

一、吉卜力美術館的概況

由日本動畫大師宮崎駿親自設計的「三鷹之森吉卜力美術館」（Ghibli Museum），位於東京三鷹市井之頭恩賜公園內，投資約 50 億日元興建而成，占地面積約 4000 平方米，於 2001 年 10 月正式開館。吉卜力美術館把宮崎駿的動畫世界化為實體的夢幻遊園地，大受小朋友歡迎。它已成為東京新興景點，每年吸引 70 萬人次參觀。第一任館長就是宮崎駿的長子宮崎吾郎，2005 年起由中島清文接任館長至今。

關於美術館的名字，「三鷹之森」指的是三鷹市的森林，「吉卜力」則是音譯於義大利文 GHIBLI，意指在撒哈拉沙漠上吹著的熱風。二戰時，義大利軍隊將其偵察機命名為「吉卜力」，身為飛行器迷的宮崎駿親自將其創立的工作室命名為「吉卜力」。

「吉卜力」這個名字又與美術館聯繫起來，不難理解這個美術館實際上就是宮崎駿的動畫展覽館。

宮崎駿可以說是日本動畫界的一個。他是第一位將動畫上升到人文高度的思想者，同時也是日本三代動畫家中，承前啟後的精神支柱式的人物。宮崎駿在打破手塚治蟲巨人陰影的同時，用自己堅毅的性格和強韌的奮鬥，成為一支能夠和迪士尼、夢工廠共分天下的重要的東方力量。宮崎駿在全球動畫界具有無可替代的地位，迪士尼稱其為「動畫界的黑澤明」，更是獲獎無數。

在 1984 年宮崎駿作品《風之穀》上映後，不論是票房表現還是影片的水準均獲得了相當大的成功，於是在德間書店的支援下，1985 年「吉卜力工作室」成立。同年，吉卜力開始製作《天空之城》，自此以後吉卜力工作室成為一個專為宮崎駿和高畑勳製作動畫的工作室。隨著宮崎駿動畫作品的接連成功，美術館的設想慢慢浮現出來，在宮崎駿的親自設計監督下，2001 年美術館終於建成面世。

二、吉卜力美術館的特色

1. 打造動畫的夢幻王國

「一起來當個迷路的孩子吧！」是宮崎駿旗下吉卜力美術館的口號。「三鷹之森：吉卜力美術館」以宮崎駿的動畫為主要展出內容，堪稱一座動畫博物館。美術館某種程度上就是嬉笑的「老頑童」宮崎駿。

展覽內容	
企劃展示室	以特定的作品和作家、製作工作室為主的企劃展覽。
常設展示室	動畫的原理、原始的動畫片展示，重現製作工作室的場景，可以看到歷年吉卜力作品的原稿等資料。
圖書閱覽室	收藏許多兒童文學書籍，還有吉卜力的相關書籍，可供購買。
映射展示室	放映美術館專用的動畫電影，以及與企劃主題展覽相關的作品。放映室可容納 80 人，對應 DTS 音訊。
迷你影院	進行短篇動畫作品放映，介紹卡通製作過程的動畫示範室，以及宮崎駿作品的紀念品發售。
龍貓的售票亭	它是宮崎駿對訪客開的一個小玩笑。美術館現場不售票，必須到 LAWSON 便利商店預約才行。
咖啡廳「草帽」	提供獨創的餐點。
商店「曼馬由特」	銷售與吉卜力工作室和企劃展示內容相關的紀念品。

　　參觀者在遊覽過程中會遇見很多宮崎駿所設計的動畫角色和場景，比如龍貓、貓巴士等，令人回想起看宮崎駿動畫時的美好回憶，不同年齡層次的觀眾都能樂在其中。其中，最知名、最受小朋友歡迎的展品就是《龍貓》裡的那輛「貓巴士」，孩童穿梭其中，笑聲不絕於耳。館內還以宮崎駿的動畫為範本，告訴參觀者圖片變成動畫的原理。吉卜力工作室製作的短篇動畫片也會在小劇場播放。更特別的是，館內讓參觀者通過滿牆的宮崎駿親筆手稿、堆積如山的參考書籍、滿地的各色顏料與畫筆來體會他的工作樣貌。此外，美術館定期舉行國內或國際性的動畫展充分迎合動畫迷更廣泛的觀賞需求。

　　參觀完畢，美術館最熱鬧的要數精品店和咖啡座，讓人以另一種方式來感受 100% 的宮崎駿。

2. 力求自然與人文的和諧

吉卜力美術館共有 3 層樓，還有一個野草叢生的天臺，就像在宮崎駿作品裡經常出現的原始森林。在茂密的樹林圍繞下，這個美術館遠看像一塊經過雕琢的玉石，館內路橋相連，樓臺錯落，每個細節都充滿著童真和夢幻；青蔥遍野，草木扶疏，讓人很容易聯想到宮崎駿動畫的田園風情。

吉卜力美術館的門票設計十分獨特，就如一張 35 釐米的電影底片，上面繪有宮崎駿的動畫作品。在美術館裡，參觀者能欣賞到宮崎駿的原畫，也能深入瞭解宮崎駿的動畫製作過程。另外，美術館的電影院也猶如一個童話世界，天花板是藍天白雲，牆上有花草樹木。

吉卜力美術館由宮崎駿本人設計，用色鮮豔，畫滿花草樹木。動畫中的角色，以無處不在的形態與遊客見面：絢麗多彩的精美壁畫，光影斑斕的玻璃，還有可供人觸摸的龍貓巴士和機械士兵，令人仿佛置身於宮崎駿的動畫當中。總讓人置身於繽紛的童話世界，感受人間的真善美。美術館的建築設計，也反映了宮崎駿對自然的熱愛，和動畫作品的主題遙遙呼應。而建築物內沒有所謂的導遊路線，讓參觀者能根據自己的喜好，四處探險。

吉卜力美術館的設施也呼應了這種對於自然的親昵態度。咖啡館不僅是一個重要的休閒放鬆娛樂的地方，還是一個沒有低估經營「博物館 café」的難度地方，一個絕對注意細節並堅持獨有風格的咖啡館。商店中一切準備和陳列是為了參觀者和博物館的經營，而非一個追求銷售量的「特價商店」，只有在這裡才能製

作只屬於博物館的物品。

吉卜力美術館對於周邊的樹木和綠化亦投以強烈的關注，一直在尋找和形成某種運作方式使得美術館和公園能夠相應成彰。

宮崎駿說：「在這個美術館，風和光都能自由出入。」

三、吉卜力美術館的經營理念

1. 宮崎駿的管理理論

不論從日本國內還是從國際來看，吉卜力工作室都是一個相當特殊的團體。因為該工作室原則上只製作由原著改編、劇場放映所用的動畫。由於製作劇場版動畫必須冒相當大的票房風險，所以一般的工作室通常以製作 TV 版動畫為主。而吉卜力工作室則恰恰相反。

吉卜力工作室製作人鈴木敏夫說，宮崎駿作品《千與千尋》的 125 分鐘總共畫了 11.2 萬張畫稿，平均每秒 15 張。《懸崖上的金魚公主》更上一層樓，100 分鐘就用了 17 萬張，平均每秒 28 張。其中所需的協調、整合、默契都是對團隊工作的巨大挑戰。那麼，宮崎駿又是如何打造出具有國際聲譽的吉卜力工作室的呢？他在名為《出發點》的書中透露了他的管理哲學。

自我管理	要求團隊的每一位成員都必須做好自我管理,並擁有向心力、腳踏實地,而不是只靠一兩個特別優秀的「明星球員」來撐場面。
以人為本	高層管理者或經營者要時時重視每一位員工,把這群人當成創作的功臣。不把吉卜力工作室當成私有財產,歡迎有實務經驗的人帶著作品來敲門,利用吉卜力的環境創作出好的作品。
創作環境	領導人必須維持一個便於人才持續創作的環境,在能夠確保動畫品質的前提下,培養原畫的生力軍。
激勵制度	工作室的形態在做完三部動畫之後就會開始僵化,創作人才會慢慢變得保守、不求進取。因此必須招考新人、建立研修制度、調高薪資,而且調薪物件是基層而非高層。
人才培養	保持隨時吸收新人的彈性,並培養新一代監製人才,讓吉卜力成為培養人才的搖籃,也讓工作團隊充分發揮他們的本領。
科學計畫	動畫製作的排程愈長,製作計畫就要愈嚴密,而且必須在跑完全程之前妥善運用每一分預算與時間,否則資金和時間對於動畫品質都會構成挑戰。

2. 三鷹之森吉卜力美術館的宣言:

不僅有趣同時又放鬆你的身心

又蘊藏著許多可以被發現的東西

基於清晰而同一的哲學體系上

可以讓想找到樂趣的人享受樂趣,讓尋求思考的人們默想,還能讓想找到感覺的人有感覺

就是這一個博物館可以讓你在出館後感到自己和入館前相比煥然一新了!

這博物館是這麼運作的

像對待成年人一樣地對待小孩子們

有生理缺陷和不便的人將受到最周到的照顧

所有工作人員們都對他們的工作充滿信心與自豪感

參觀者們不會受到固定路線和方向的限制

一切展覽將持續的有新的思想和挑戰充實，使這博物館不會陳舊

所有的投入都是為了這一個目標

韓國 Heyri 藝術村

韓國自從 1997 年亞洲金融危機之後便積極推動觀光和文化創意產業的發展，並在 1998 年提出文化立國的口號，將文化創意產業視為促進國家總體經濟發展的重要產業，並透過政府支援、企業投資和民間運作的架構進行整合。截至 2004 年，韓國已是全球文化產品主要輸出國家，其文化產品占全球市場的 3.5％左右。而 Heyri 藝術村則是韓國文化創意產業的代表作。

一、Heyri 藝術村的歷史

Heyri 藝術村是根據京畿道當地傳統的農村歌曲 Heyri 命名而得。它位於韓國首都首爾的西北面，臨近軍事警界線（DMZ）的京畿道坡州市內，距離首爾約兩小時車程，它集休閒、商業、文化與藝術氣息於一身，聚集了韓國的藝術與文化領域人士，進駐於此居住或工作的會員包括作家、藝術家、建築師、音樂家、電影工作者等。

Heyri 藝術村的計畫構思始於 1994 年。1997 年其發展專案只是一個規模較小的「書莊」，隸屬於坡州出版城。坡州出版城（Paju Bookcity）座落於首爾北方的京畿道，占地 158 萬平方公尺，進駐的企業包括裝訂、制紙、設計、出版、流通、印刷以及

著作權仲介等，其特色在於將出版相關活動整合，以促進韓國出版文化產業的發展。1997 年藝術村的發展已初見規模，書商便邀集了韓國國內的作家、藝術家、電影製作人、建築師、音樂家等到 Heyri 藝術村開店，Heyri 遂逐漸擴大成為一個占地 15 萬平方公尺，集結韓國文化、藝術、自然等元素相互融合而成的新主題城市。時至今日，藝術村已有 370 多名的文化藝術人士在藝術村中居住，在藝術村中進行創作、展示甚至買賣交易。Heyri 藝術村與世界上許多著名的藝術家聚居地類似，也是由藝術家們自發建立起來，又充分地顯示出韓國人團結協作的本土特色。

二、Heyri 的現狀

Heyri 藝術村內有超過 40 棟的建築物，可謂是五臟俱全：除了必不可少的畫廊、工作室、美術館之外，咖啡館、餐廳、商店、民宿隨處可見，書店、音樂廳也都配備齊全，還有卡通兒童樂園。Heyri 藝術村內還有一些附帶咖啡廳和餐廳的展覽館。其中，博物館並非一味被動地展示文物，而是與參觀者互動交流，是一個能夠利用文物做活動教學的好地方。Magazine House 則是藝術村中的一個書店，出售各種韓國國內刊物、英文讀物及藝術圖書等，裡面還有一個熊仔專門店及露天咖啡座，專供人們休閒。此外還有世界民族樂器博物館、舊時代的生活博物館──時間錦囊 Time Capsule 等，在展覽的同時也為學生及其他遊人講解知識，做講座等。

建築師在藝術村充分發揮了天馬行空的創作意念，設計出了件件別致新穎的建築精品。每棟建築都各有特色，有著不同的外

觀，置身其中本身就是一次藝術的體驗，然而藝術村與出版城卻有著共同的特色。這些建築依循與大自然共存的理念進行設計興建，因而所有的建築物都在三層或以下。此外，藝術村與出版城都強調空間設計，其中最重要的是每棟建築物給予了公眾百分之四十的活動空間。

Heyri 藝術村是韓國特意發展的產業群聚，其經營目標是希望藉由產業群聚的經營，帶動鄰近區域文化產業的成長，而其長期目標是從製造到消費都在藝術村內完成。在組織結構方面，藝術村以 10 個委員會的形式進行管理。經費方面，由於藝術村及出版城均屬於民間機構，所以主要經費來源仍屬自籌，例如販賣商品。但 1999 年韓國通過《文化產業促進法》成立文化產業基金，為新興文化產業提供貸款，因此 Heyri 藝術村可向政府貸款取得資金協助。

三、Heyri 的成功之道

Heyri 藝術村的成功取決於諸多因素的共同作用。

政府扮演的角色方面	韓國政府在文化創意產業創新活動中積極扮演支持角色，提供的支持包括科技支援、文化產業基金與文化產業貸款的協助，以及協助藝術村與出版城完善周邊基礎建設，如土地、運輸、水電、道路等。
投入因素方面	藝術村由大量藝術、文化領域的專業人士進行產業發展與創新活動。群聚內人士與企業在高度互動下，能分享彼此的專業資訊與知識，在創新活動過程中遇有障礙時，也能共同解決，因而提升彼此的創新潛能，並建立跨領域的專業與整合能力。在藝術村與出版城的互動方面，兩者之間則是相互滋養的關係。藝術村與出版城能透過產業知識的外溢效果及群聚內部與群聚之間的網路互動，促進產業創新。

企業策略與競爭方面	產業群聚之業者地理位置接近，在產業創新活動中可提高彼此感受到的競爭壓力與市場機會，以強化其持續創新以滿足顧客需求之動機。
需求因素方面	產業群聚內業者提供專業諮詢，即時掌握市場需求，明確區隔定位，並避免惡性競爭；在群聚效應下，藝術村不斷吸引更多文藝人士與顧客參與，確實促進韓國藝文市場的發展。
相關支持產業方面	藝術村與出版城形成上下游產業關係，成為相互支持之產業群聚。藝術村可與出版城已成為韓國各項藝文活動、藝文商品與市場的主導者，甚至形成國際化的文化產業群聚。出版城內各項基礎建設可協助藝術村以較低的成本，擴散各項藝文資訊與產品；出版城在藝術村的專業人士協助下亦可提升出版城產出的品質與創新程度。
連結品質方面	藝術村主要借助內部企業專業能力，來承擔展業研究發展的角色。而連結國家創新基礎建設與特定產業群聚創新環境的主要機制是學術或研發機構。

Heyri 藝術村的成功模式對於文化創意產業的發展提供了重要的借鑒意義。

四、Heyri 的啟示

韓國藝術村內原本只單純進行藝術、文化及出版等生產活動，但當這些活動集結於同一地理區域並在各有風格的建築空間下進行產業活動後，除了能夠提高其在市場上的能見度外，還能提供廣泛的業界交流機會，刺激產業創新並共同面對外部的競爭壓力。這樣業者之間由單純的競爭關係轉為競合關係。在資訊交流、人才流通、知識外溢的促成下，藝術村與出版城內部逐漸由單純的生產活動，發展為兼具生產與消費的複合式功能。藝術

村與出版城各自集結不同的專業人士，透過妥善規劃的空間與活動，開發出不同的服務功能。同時，「熟悉產品與高要求的顧客」也會刺激企業持續改善與進步，以強化產業競爭優勢。總之文化創意產業群聚內所提供的複合式消費與活動，大大提升了產業群聚的創新能力。

此外，政府的協助與支持對於文化創意產業的發展也是必不可少的。韓國政府積極推動各項創新基礎建設、提供政策支持與貸款協助，以協助產業進行國家創新基礎建設與特定產業群聚創新環境的連結。在產業群聚的成形與活動的初期主要扮演促進者的角色，當產業群聚初見規模和成效後政府開始扮演支持者的角色。

Heyri 藝術村與出版城兩個產業群聚在文化創意產業架構下進行整合，成為韓國乃至東亞地區代表性的文藝產業。這樣的代表性，除了能影響國家文化創意產業政策，也可吸收其他國家文化創意產業重要業者進入，擴大藝術村與出版城的規模與國際影響力。

韓國設計振興院

　　1970 年成立的韓國設計振興院（KIDP）是韓國產業資源部的直屬機構，擁有註冊會員 2000 多家。自成立以來，韓國振興設計院在推動創意產業的發展方面扮演了相當重要的角色，在設計提升、設計培訓、設計實施、設計戰略、設計政策、設計推廣等各個方面都做出了大量工作，為韓國政府推動設計產業發展做出了卓越貢獻。本文將帶領讀者感受振興院的魅力。

一、設計興國策略

　　韓國之所以取得今天的發展成就和國際地位，正是由於政府提出「設計興國」策略，大力支持和鼓勵設計創新的發展。從韓國設計振興院的發展過程中，可以看出韓國設計從外觀包裝設計到關注設計對整體經濟和產業所擁有的全面影響的重要演變，而這個演變過程共走過了 30 年。這在設計振興院的名稱變化歷史中可見一斑：

1970 年	設計包裝中心
1991 年	韓國工業設計和包裝院
1997 年	工業設計振興院
2001 年	韓國設計振興院

　　韓國設計振興院在推動創意產業的發展扮演了相當重要的角色。創意產業保羅萬象，從電影、電視劇到廣告、服裝等，但均與設計息息相關。韓國政府在釜山、大丘、光州設立了3個地方設計中心，還在各個地方的院校和機構成立29個設計創新中心。地方設計中心的資金50%來自中央政府，其餘50%來自地方政府。此外，為了提高全國的設計水準，韓國設計振興院還致力於完善國家的設計基礎設施，它建立了一個資料庫，為提供設計資訊交流塑造了平臺。韓國設計振興院不只關注產品設計，它還包括平面設計、環境設計、室內設計、多媒體設計，它本身就是韓國整體創意產業計畫的重要一環。

　　韓國設計能夠提升起來，設計振興院功不可沒。它為企業提供分析諮詢服務，幫助中小企業提升產品競爭力，鼓勵企業生產「設計導向」的產品，並通過推廣活動提高韓國民眾對設計的認識理解。

二、設計振興院的發展策略

　　韓國設計振興院大力開展設計開發支援專案，充當連接中小企業和設計公司的平臺的角色。在申請的中小企業中選拔擁有優秀技術的中小企業，為他們尋找合適的設計公司，由設計公司為中小企業提供設計諮詢和設計開發服務。韓國設計振興院為每個中小企業提供的補貼大約占其設計開發總費用的50%至60%左右。韓國著名的IT產品企業REINCOM公司的艾利和（IRIVER）品牌曾經與INNO DESIGN攜手開發出MP3，該產

品在市場上大獲成功。此後，IRIVER 不靠某一個設計師，自己尋找優秀的設計師，為確立獨有的品牌定位而努力。

同時韓國涉及振興院還針對在職設計師和新人提供專業訓練。目前為止，它大約有 20 個短、中、長期的培訓課程。從 1998 到 2005 年間，共有 9350 人參加了韓國設計振興院的培訓活動。更為全面的是，為了確立 21 世紀韓國設計在國際上的地位，韓國設計振興院定期舉行論壇、研討會等活動，還廣泛的與國外的技術、材料、設計經營研究機構進行交流合作，攜手實行培訓專案。

三、政府對設計產業的幫助

在韓國的產官學界中，對於設計在商業中的地位已有頗為廣泛的共識。韓國政府從 1993 年起共實施了三次工業設計振興計畫，培養了大批設計人才，有效地推動了韓國設計的發展。1993 到 1997 之間，韓國政府全面實施了第一次工業設計振興計畫，期間韓國本土設計師和設計公司呈現爆炸式的增長，5 年內設計專業的畢業生增長了一倍之多，也促使中小企業對設計領域加大了投資力度。當時每家企業平均擁有 4.24 個編內的設計人員，韓國共有 10 萬名設計師。

1997 年的亞洲金融風暴，韓國企業面臨戰略轉型的需要，企業必須在設計的質上而非量上有所提升。因此韓國政府又在 1998 年到 2002 年間推動了第二次工業設計振興計畫。期間設計專業的畢業生人數增長了 25%，這次計畫進一步促進了韓國設計師的創新能力以及韓國設計的品質。

　　2003 年，韓國政府對於設計因素在提高國家競爭力中所扮演的重要角色有了更為深刻的認識，於是在 2003 至 2007 年推動了第三次工業設計振興計畫，目的是把設計概念融入韓國各個系統、體制當中，把韓國建設成一個東亞的工業中心。此次工業設計振興計畫的核心是國際化，以韓國舉辦的 2000 年的國際平面設計大會和 2001 年的國際工業設計大會為契機，韓國設計開始走上國際化之路。此後，韓國設計振興院每年舉辦「韓國設計展」，2003、2005、2007 年在韓國首爾舉行。2004、2006、2008 年在中國舉行，由此可以看出韓國設計多麼重視中國市場。其次是地方化。每個地方政府發展具有地方特色的支柱產業，為此需要地方院校和企業之間形成產學研合作，紛紛成立設計中心。

　　韓國政府為了更好地理解設計，諮詢了許多設計專業人士，舉辦了許多聽證會。目前，韓國平均每個設計公司擁有 3.79 個設計師，任職於設計公司的專業設計師共有 8500 個。2005 年，韓國就業人口有 2285 萬人，設計人才占全體就業人口的 4.89%。每年設計相關專業畢業生可以達到 37000 人，比中國多了幾倍。

　　除韓國設計振興院外，韓國中央政府還在產業資源部下設了設計品牌科。設計品牌科專門負責起草設計政策並推動設計振興法案，覆蓋了設計振興院、韓國業界與產業資源部之間的沒有交集的部分，旨在使韓國整體更好地運用設計來提升競爭力。

　　韓國已形成以釜山、光州、大田三個產業基地為支撐的設計產業結構，並準備以創意為基點，創造韓國的創意世界。設計振興院是國家提高競爭力、通過設計提高品牌效應來振興韓國經濟的重要舉措。

中國地區

北京 798

　　798 是什麼？798 除了指數字以外，一般指北京 798 藝術區，或稱大山子藝術區、大山子 798 廠藝術區等，「798 藝術區」包含了展示藝術的 798 地區和充滿創意的 751 地區。作為北京的創意與藝術的聚居地 798 引領著創意與藝術的潮流，散發著獨特的魅力。

一、798 地區的歷史

翻看 798 的歷史這就是一個從舊廠房到藝術區的傳奇。它的產生和發展過程，與當年美國紐約蘇荷區的情況幾乎如出一轍。北京 798 藝術區所在的地方，是前民主德國援助建設的「北京華北無線電聯合器材廠」，即 718 聯合廠。這裡被稱為「新中國電子工業的搖籃」。但是上世紀 90 年代以後，由於難以適應市場經濟環境，產品不能適銷對路，這裡的工人大批下崗，各廠均出租部分閒置廠房以度難關。798 地區的歷史就是一個從舊工廠到藝術區的演變過程。

718 聯合廠於 1952 年開始籌建，1954 年開始土建施工，1957 年 10 月開工生產。工廠從建成到 80 年代末，經歷了計劃經濟年代，有過很輝煌的歷史，這一點我們可以從現存的建築群、相關圖片和文獻中看出。

718 聯合廠是由德國德紹一家建築機構負責建築設計、施工，這家建築機構和當年的包豪斯學校在同一個城市，兩者在建築精神層面上是共通的。其主要特點是：注重滿足實用要求；發揮新材料和新結構的技術性能和美學性能；造型簡潔，構圖靈活多樣。這種學派後來被稱為包豪斯學派。798 工廠所以能成為藝術區，與中央美術學院搬遷過渡有直接的關係。中央美術學院從 1995 年遷出王府井原址，到 2001 年遷入望京花家地新校址，其間在大山子北京電子器件二廠有過 6 年的過渡期，這時期曾被稱為美院的「二廠時代」。

　　具體地說 1964 年 4 月上級主管單位撤銷了 718 聯合廠建制，成立了 706 廠、707 廠、718 廠、797 廠、798 廠及 751 廠。2000 年 12 月，原 700 廠、706 廠、707 廠、718 廠、797 廠、798 廠等六家單位整合重組為北京七星華電科技集團有限責任公司。與其相對應的是正東集團 751 工廠，它也是國家「一五」期間的建築產物，與原電子工業部所屬其餘五個廠合稱為 718 聯合廠。但是 751 是獨立經營的。而今，這座有著五十年歷史的老廠亮出了自己的新名片──「北京時尚設計廣場」，全國 20 多位設計師在向這裡聚集，今後入駐的設計師還將更多。

　　為了配合大山子地區的規劃改造，七星集團將部分產業遷出，為了有效利用產業遷出空餘的廠房，七星集團將這部分閒置的廠房進行出租。因為園區有序的規劃、便利的交通、風格獨特的包豪斯建築等多方面的優勢，吸引了眾多藝術機構及藝術家前來租用閒置廠房並進行改造，逐漸形成了集畫廊、藝術工作室、文化公司、時尚店鋪於一體的多元文化空間。由於藝術機構及藝術家最早進駐的區域位於原 798 廠所在地，因此這裡被命名為北京 798 藝術區。

　　2002 年 2 月，一個美國人租下了這裡 120 平方米的回民食堂，改造成前店後公司的模樣，主要經營中國藝術網站，一些經常與他交往的藝術家也先後看中了這裡寬敞的空間和低廉的租金，紛紛租下一些廠房作為工作室或展示空間。「798」藝術家群體的「雪球」就這樣滾了起來。同時 2002 年前後，是藝術家進駐的高峰時段。黃銳、賈滌非、于凡、喻高、陳羚羊、劉野、孫橙宇等藝術家紛紛進入，創建自己的藝術工作室，推動了藝術區在短時期內的迅速形成。

　　「798」真正引起外界關注，緣於2003年這裡發起的一個大型活動——「再造798」在活動期間各家藝術機構都在自己的空間內辦展覽，來了觀眾兩三千人，規模空前。從此，「798」名聲鵲起。

二、798地區的現狀

1.798的現狀

　　現在的798藝術區已逐漸發展成為國內最大的以現當代藝術展示交易為核心的文化藝術園區，在國內外的影響力也不斷提升。2006年到2008年，入駐藝術區的文化創意產業類機構從200餘家猛增到400餘家，已經成為引領文化藝術園區產業發展的領頭羊。每年有百餘場品牌新品發佈和展示活動在798舉辦，電影節、藝術節、演唱會、時裝秀等各種文化藝術活動紛紛選址798舉行。據統計，2004年、2005年到藝術區的遊客達50萬人，2006年逾百萬人，2007年近150萬人。2008年，僅奧運會和「十一」黃金周期間，園區到訪人數就高達70萬人。海內外200餘家媒體對奧運會和798藝術節期間的798藝術區進行報導。

　　而在建設方面自2007年起，798藝術區對園區環境進行了全面升級改造。重新鋪設了車行道和步行街，拆除違章建築及部分80、90年代建築10000餘平方米，增建擴建了總面積達11799平方米的10個停車場，確保了園區的交通順暢；修建了7處景觀廣場。對廣場、路邊等區域進行了綠化等等，這些都大大改善了園區的公共服務環境。

2.751 的現狀

798 藝術區主要由兩部分區域組成，一個是由七星集團管理的 798 部分，其以當代藝術為主；另一則為 751 地區，由東正集團管理，主要核心是「時尚、創意」。與 798 自發形成的藝術區不同，751 是由北京市政府、北京市工業促進局和中國服裝設計師協會合力打造的藝術園地。整個 751 北京時尚設計廣場占地面積約為 3 萬平方米，將分三期建設：一期為園區創意產業培育期，預計年創產值約 10 億元，可為 500 餘人提供就業機會；二期為園區創意產業成長期，形成創意產業聚集效應及一定的規模；三期為園區創意產業成熟期，形成產業規模效應，使園區成為國內外關注的時尚創意示範區。

目前 751 北京時尚設計廣場一期改造工程已經完工，共分 A、B 兩座樓。A 座共 4 層，包括時裝發佈大廳和辦公區，由老廠的供應處改造而成。時裝發佈大廳位於一層，面積為 1057 平方米，內部有可隨意裝卸的 T 台、全新的一流音響和燈光設備，可容納 300 名至 500 名觀眾，這裡成為北京第一個時裝發佈專用場所。

三、798 地區的發展特點

798 地區的發展特點	達到的效果
集群效應	就業人數逾萬人；旅遊業發達；領導人造訪。
搭建平臺產業升級	政府大力支持；將 798 打造成區域展示的平臺。
751 注重時尚創意	營造出良好的藝術氛圍；有利於創作。

1. 利用集群效應

這是所有藝術區的發展的第一步就是聚集人氣。目前，園區就業人數逾萬人，實現年收入 3 億元，其中為七星集團帶來的年租金收入約為 5000 萬元。隨著 798 藝術區影響力的不斷擴大，它已逐漸成為中國當代藝術的集散地。國際奧會主席羅格、歐盟主席巴羅佐、法國總統薩科齊、德國前總理施羅德、香港特區行政長官曾蔭權等都紛紛造訪藝術區。798 藝術區已成為外國遊客來京選擇的重要旅遊區域。在 798 的輻射帶動下，周邊已經逐步形成了酒廠國際藝術園區、一號地藝術園區、草場地藝術區、環鐵國際藝術區、索家村和費家村藝術村落等 10 餘個文化藝術集聚園區，這已經發展成為一種產業這就是 798 的集聚效應，領導人和名宿的造訪會為798積聚人氣，旅遊業的發展也印證了這一點。

2. 搭建產業平臺，進行產業升級

所謂搭建藝術平臺更多的就是政府的支持，因為 798 是北京文化創意產業的一張名片。為了 798 的更好發展，朝陽區政府，北京市政府也制定相關措施促進 798 的發展，將這裡變成更純粹更完善的中國當代藝術中心，核心區的建築風貌不會變。近幾年北京市朝陽區政府每年投入 3000 萬元對 798 藝術區進行基礎設施改造、公共服務平臺的搭建。「既要保持 798 原創性的文化生態，還要做大、規範，把產業鏈創建起來。」目前文化創意產業已經作為朝陽區三大支柱產業之一。

政府把藝術區打造成一個展示的平臺，圍繞業態水準提升，

搭建完善運營平臺。在深入研究藝術區未來趨勢和區域功能的基礎上，出臺了藝術區產業發展指南，明確了藝術區產業發展目標和方向，規範了產業准入門檻。逐步引進有核心產品和競爭力、影響力的文化藝術機構，通過產業規範與准入進行產業結構調整，實現業態升級。圍繞和諧有序發展，搭建完善管理平臺。形成了「一個核心、一個載體、一個平臺」的管理模式。圍繞視窗形象打造，搭建完善服務平臺。政府的支持源於政府著力於把「798」藝術區變成一種宣傳的工具。

3.751 注重創意

798 地區的創意來自 751 廠，751 之所以引人關注在於創意，而 751 的創意往往體現在「設計」，751 的定位是以設計師為核心，將來這裡還會有更多的中外設計師、造型師、拍攝基地進駐這裡。作為 798 藝術區核心的「751 北京時尚設計廣場」，是今年北京率先發展起來的時尚創意產業的「領頭羊」。三期工程全部完工後，年創產值可望達到 50 億元。藝術創意讓正東集團從一個停產的煤氣廠走到了時尚設計的最前沿！僅 2007 年 11 月 2 日至 11 日，10 天裡，來自國內外的 40 位時裝設計師、40 家時尚品牌帶來了40 場發佈會。在 751 設計就是創意的載體。這是 751 的特色。

創意是藝術存在的根本，沒有創意就沒有生存，而創意和藝術本身就更加種種氛圍，798 聚集區就是在努力地營造一種氛圍。這也是創意的需要。751 以設計作為創意的載體是 798 地區創意的核心。

四、798 地區的藝術

751 地區是 798 的創意核心，而 798 園區就是這一地區的藝術核心了。

1.798 的藝術小店

798 的藝術小店是它的一大特色，其中比較有名的有百年印象攝影畫廊（中國）傳統前衛等不同種類照片，大多數照片是老闆陳光俊自己沖洗製作。這裡一些展覽平時很難看到。798 時態空間（中國）出租空間給新聞發佈會和服裝發佈會等活動，也有以裝置為主的展覽。這裡的房頂為獨特的鋸齒弧形，是 50 年前東德人設計監製的包豪斯建築，這種風格在德國也已不多見了。北京東京藝術工程（日本）藝術區第一個畫廊。以當代藝術為主。七酒吧料閣子（中國）重要當代藝術家毛栗子所開，如果你有感觸，還可以在牆板留言。著名當代藝術家張小濤，陳文波，彭禹，孫原，慶慶，白宜洛，蒼鑫，付磊，馬樹青，邢俊勤等工作室彙聚於此。這些小店以自己的特色襯托著 798 藝術區的藝術氛圍，他們每一個都是獨一無二的。

2.798 的藝術氛圍

798 的藝術氛圍細節，比如藝術家們利用園區內的廠房建築揮灑著自己的創造才華。他們把藝術融入建築。走進 798 藝術區，工業廠房錯落有致，磚牆斑駁，管道縱橫，牆壁上還保留著「文革」時期的標語。這裡另類的當代藝術作品與過時的機械等

歷史痕跡相映成趣，仿佛展開了一場跨越時空的對話。798 廠區的生產廠房多為鋸齒形現澆筒殼結構，室內空間較高。其中帆狀部分廠房採用鋸齒形現澆筒殼結構，樑柱形式為弧形 Y 狀結構。結合樑柱結構功能，北側屋頂採用橫向天窗，窗戶平面向外傾斜一定角度，有利於消除側剪力，結構上更加穩定合理。獨特的內部空間既可進行北向採光，又能滿足結構的合理性。Y 形柱不禁讓人聯想起內爾維的羅馬小體育宮，更重要的是幾十年後，這經典的建築還能滿足藝術品的展覽，可能是建築師始料未及的吧！據當地工人講，在某些廠房局部改建時，他們感到很難拆除鋼筋混凝土和磚的砂漿。據稱，像這種按照包豪斯設計理念建成的工業建築僅在德國、美國和中國少量存在。

在 798 的園區裡街道兩旁的雕塑更是千奇百怪，寫實的，抽象的，古典的，偽古典的，傳統的，反傳統的，現代的，後現代的；大理石的，陶瓷的，青銅的，鑄鐵的，不銹鋼的，玻璃鋼的，聚脂纖維的，綜合材料的；高的，矮的，圓的，方的，工藝的，設計的，裝置的，影像的，行為的，網路的，文獻的；看得懂的，看不懂的……不同的藝術方式應有盡有，顯示出對藝術的包容和寬容。

五、798 的困惑

798 的困惑	表現形式
商業與藝術的困惑	藝術家收入低；商家搶佔藝術品市場
畫廊的困惑	租金飛漲、藝術家的流失

1. 商業與藝術的困惑

最近798另一現象就是畫廊在減少而是工藝品店在增加。在798西街開闢了一排新的商鋪幾乎清一色的工藝品商店，還有院裡小小的胡同裡面的小店鋪也都改成了工藝禮品店。有賣非洲禮品的，有賣首飾的，還有賣個性衣服和包包的。他們正在慢慢的擴張和蔓延，似乎是要把798所有獨立的小房間都拿下改成工藝品店，然後再把大空間拿下分割成若干個小商鋪，似乎真的就要演變成下一個潘家園或者秀水了。

經濟危機之下的798這種現象讓人們對它的未來產生擔憂和困惑，究竟未來會是什麼樣子呢？危機未來臨之前，一些大的藝術機構的入住比如UCCA藝術中心、伊比利亞當代藝術中心、商業大鱷的NIKE的展廳還有眾多奢侈品牌在這裡開新品發佈，讓人們不由得會說到798會使未來的紐約SOHO。藝術家走了，奢侈品進來了，形成了一種藝術與奢侈品共存的現象。如果798真的是出現這種狀態的話也許會使它的一個很好的歸宿。奢侈品與藝術品有著很多的相似之處，他們都屬於高端消費，也可以說都屬於藝術品，他們的共存能夠形成一個良好的氛圍，使之都能良好生存下去，為藝術愛好者提供更多更好的展覽。

事實上，沒有看到預期的那種結果，似乎走上了另一條被大眾化的商業日漸侵襲的道路。北京乃至中國似乎不再缺少像琉璃廠、潘家園、秀水等等這種商業集中區域，缺少的是一個集中有影響力的藝術區。798走到今天可能是誰都無法預料的，這裡面造成的原因又有很多。798一直處於半政府掌控的狀態，政府為

了完善 798 的硬體設施，花了上億資金重新修了路、安裝監控修建停車場等等。政府這種的干預藝術區自由發展並沒有取得良好的效果，一種工廠的原生態遭到了破壞，使得它失去了原有的吸引力，吸引的不再是那些藝術愛好者而是吸引來了廣大的群眾。如果說政府要普及和提高中國人的藝術欣賞和修養的話，偌大的一個 798 藝術區竟然沒有一個遊覽參觀須知，引導廣大人民欣賞藝術形成良好的習慣。為了擴大宣傳效果，798 修建了若干的看板子，當然這都不會使免費的，需要畫廊租用的。原本高額的房租已經就把本身很難贏利的畫廊壓得喘不過氣來，物業或者政府卻不知道為畫廊減壓反而想盡各種可以方法來搾取各個租屋的錢財。

2. 畫廊的困惑

畫廊的困惑源自利益的減少。首先我們要知道到底什麼是畫廊呢？這要從盈利模式角度去觀察。藝術品市場早期只有差價型交易模式，其實相當於短線交易，低價買進高價賣出；後來發展成如今的代理藝術家模式，這種模式其實相當於長線交易，經過長期的運作推廣和時間的沉澱，將來或許可以以十倍乃至百倍的價格賣出，這對畫廊的資金實力、推廣能力和眼光提出了很高的要求。實際上，國內的畫廊大部分都游走於兩者之間，而在國外，只有後者才能稱為「畫廊」那麼沒有簽約藝術家，靠散客生存；經濟危機來了，沒人買畫了自然會倒閉。

另外畫廊本身在國內就不是十分賺錢的行業，業界普遍認為，畫廊的利潤率只有 15%，更有甚者的說法是 5%。這遠遠低

於公眾的想像。在牛市的時候還可以賺錢，而在經濟危機之下就沒法維持了，所以大批的藝術家出逃也是理所當然的。

六、解決之道

798 的「小問題」歸根結柢就是藝術區的傳統問題：藝術和利益。要解決首先就是留住藝術家。2009 年 3 月份藝術家與 798 七星物業便進行了一次談判，而最核心的問題則是房租太高，「物業堅持漲房租，從最初的 0.8 元／平米／天漲到現在的 3.5 ／平米／天。」七星物業表示可以做出讓步，將租約年限由 1 年改為 3 至 5 年，在價格方面也表示可以考慮與老租戶再次協商，做些調整。而藝術家則希望物業在全球經濟危機時的房租能從 3.5 ／平米／天調整到藝術家工作室為 0.8 元／平米／天，而藝術空間為 1.2 元／平米／天。以上承諾大都至今沒有得到兌現，無奈之下，藝術家與畫廊也不得不另做打算。

其次就是可以借助大芬模式打造自己的產業大芬村：「市場訂貨，畫家製作，畫商收購，國外銷售」的「大芬模式」精髓在於，將藝術做成產業。798 可以建立自己的產業鏈解決藝術價值無法體現的問題，相比之下大芬村是產業扼殺了創造。798 是創造缺少了產業。二者若能相輔則必能相成。

七、798 的啟示

798 是一個成功的藝術區典範但是它也存在一些問題。它的成功在於，它是從一座工廠裡面誕生出來的，這本身就是個奇蹟。再有就是 798 充分保留了建築及室內的原貌，稍加改造，便給冰冷的工廠注入了藝術元素。最後是流派眾多，藝術氛圍濃厚。在 798，大大小小的畫室、工作室加起來得有個幾百家，不管是一望無際、利用近 10 米高的車間改造而成的大展廳，還是拐彎抹角、千迴萬轉地由幾個納米級的極小展室組成的小展廳，其畫作畫法獨特，極具個性，充分顯示出藝術的多樣性。

從中我們可以總結出一句話：798 的成功在於因地制宜，創造氛圍，積聚人氣。這就是成功的啟示

面對 798 的困惑其他的園區應該看到以下幾點。

首先要優先確保藝術家群體的存在，從藝術文化資源保護和利用與藝術產業發展的關係來看，很多藝術文化資源是不合適走產業化化道路的，如藝術文化保護、特定的藝術史跡維護以及與文化藝術管理相關的藝術資源都不能產業化。如果強制性進行產業化，則會帶來很大的破壞性。798 閒置空間被藝術家賦予了一種特殊的意義和符號，它或許是當代藝術的空間，或許是展演場，或許是藝術創作的實驗地，或許是現代娛樂休閒場所，但這完全是市場自發作用的結果。以藝術文化資源為基礎來發展藝術產業，其生產、流通和消費，必然受到價值規律的制約，受市場供求及其變化的影響，必然帶有商業性或盈利性的顯著特徵。但

同時一定要考慮到某些藝術資源不可再生的特點，要將保護珍貴的藝術資源與發展藝術產業有機協調起來，當二者發生矛盾時，要優先保護資源。就798藝術區而言，藝術家資源的寶貴性甚於其他如建築特色、工業文化等，沒有了藝術家，798將僅剩下產業，更重要的是沒有了創意，「798」將不復存在。

其次要利用與政府互動合作的機會提高藝術區整體收入，全面考慮798的社會效益、經濟效益和環境效益。本文認為，應努力讓798藝術區長久存續下去，政府應對藝術區採取一些特殊政策，以實際鼓勵時尚藝術家們在此生存下來。

最後就是融入城市發展，提升區域競爭力，在全球化背景下，城市已經成為國家參與國際競爭的主體，藝術產業以其強大的創造性激發了城市的活力，並構成城市競爭力的重要來源。藝術可以能讓城市的生態更豐富多彩，激發人們的潛能和對生活的熱情，同時也具有實際的經濟價值，在藝術和商業之間可以搭一座橋樑，而藝術本身也完全可以成為財富製造者。

大芬油畫村

　　油畫最早起源於歐洲，大約 15 世紀時由荷蘭人發明，因為油畫顏料乾後不變色，多種顏色調和不會變得骯髒，畫家可以畫出豐富、逼真的色彩。油畫顏料不透明，覆蓋力強，所以繪畫時可以由深到淺，逐層覆蓋，使繪畫產生立體感。適合創作大型、史詩般的巨作，成為西方繪畫史中的主體繪畫方式。

　　油畫由馬可波羅在明朝傳入我國，但直到鴉片戰爭之後才有所發展。而形成產業，也就是改革開放近 30 年的事情。我國的油畫產業能取得今天的成果，深圳大芬油畫村居功至偉。

　　油畫是大芬村的標誌也是大芬村的財富，它引導著大芬村在我國改革開放的大潮中探索前進，站穩腳跟最終形成了「市場訂貨，畫家製作，畫商收購，國外銷售」這獨樹一幟的「大芬」油畫產業模式。大芬村由此成為了一顆璀璨奪目的「沙漠明珠」。

一、大芬油畫村的歷史

　　走進大芬村的大芬美術館廣場，大芬美術館浮雕《西畫掠影》序映入眼簾。序言中寫道：大芬，原客屬農耕之村落，遷自隴豫，安居南粵，美術產業之市場，以此聞名。「油畫村」之名，肇始於 20 世紀之末，其發端之人為港商黃江，初始形於自

然，後借政府之順勢推動，數年間，其村換新面貌，戶改舊容顏，畫廊店鋪鱗次櫛比，客商遊人接踵摩肩，甲申年，適逢鵬城首辦文博盛會，「油畫村」幸成分枝會場，遂以產業之特異、市場之繁盛，令四海商賈雲集，引五洲媒體競訪，於是乎，「大芬油畫村」之盛名，遠播天際。這段文字簡單的描述了大芬村的發展歷史，一個小村莊由於油畫的緣故使他們從默默無聞到眾人皆知。

大芬村占地面積 0.4 平方公里，村民有 300 多人，外來流動人口 1 萬多人。改革開放以前，村民只依靠種田為生，人均年收入不到 200 元。「大芬油畫村」的雛形產生於 1989 年，香港畫商黃江來到大芬村，那時他租用民房進行油畫的收集和轉銷，同時招募學生幫助他完成與外商簽訂的訂單，由此將油畫這種特殊的產業帶進了大芬村。由黃江和他的學生在大芬村形成的油畫生產、收購和集中外銷一條龍的體系，這一舉動打破了傳統意義上繪畫的自產自銷模式。隨著越來越多的畫師或畫工紛紛在大芬村安營紮寨，在黃江之外，又出現了兩家規模較大專門經營油畫收購和外銷的畫商，而每個畫商的周圍都聚集了一批專門為其供貨的畫工。從此，大芬村生產油畫的規模一年一年的擴大，名聲也一年一年的提高。於是就形成了今天的「大芬油畫村」。現在的大芬村已從一個自發的藝術產業集聚區發展成為全球最大的商品油畫集散地，形成油畫生產、創作、展示、交易、銷售等較為完善的產業鏈條，被冠以「中國油畫第一村」的稱號。

二、大芬村的現狀

產值	年出口總額超過 5 億元,占全球近 60%
規模	700 多家經營者
原創作家	100 餘位
銷售比例	80% 出口 20% 內銷

現在,大芬村已經形成了一個獨特的油畫藝術商品製造基地,形成了一支藝術色彩繽紛的產業大軍。油畫年出口總額超過 5 億元,占全球近 60% 的油畫市場,成為世界三大油畫出口基地之一。從大芬油畫每年創造的價值和實現的銷售額來看,大芬油畫產業呈現出的是超常規、加速度的發展態勢,朝著「全球化、集約化、跨越化」的方向不斷前進。在 2004 年,文化部授予大芬村「文化產業示範基地」,2006 年大芬村再度授為「文化產業示範基地」。2008 年,大芬村人均收入達 2 萬元,。目前,大芬村已經先後彙聚了 2000 多位來自全國各地的畫工及畫家,成立了 800 間油畫創作工作室,其中包括 30 多家註冊資金 1000 萬元以上的以油畫、畫框生產為主的大公司、近 700 位個體經營者,有 100 多位原創畫家在這裡淘金,建立了具有一定規模的產業油畫交易市場。油畫製作在這裡已經形成了規模化、產業化。他們採取來樣訂貨生產、按訂單交付日期完工的生產模式。這與其說是創作不如說是生產,大芬村是一個生產畫作的地方。

三、大芬村的旗幟,「大芬模式」

提到大芬村,就不得不提到「大芬模式」,這是大芬村的標誌也是大芬村的得以崛起的重要依靠。

1.「大芬模式」簡介

簡單的說「大芬模式」就是把油畫從藝術轉化到產業的過程。「大芬模式」源自一個新理念:油畫能賣錢!因為大芬村的先行者黃江在這裡從事油畫的「來料加工」的。他的目的是掙錢,要把油畫變成產業,形成產業鏈,由此他們複製名畫,銷往海外,漸漸地,在大芬村形成了一套獨有的運作模式「市場訂貨——畫家製作——畫商收購——國外銷售」,這為大芬村的快速發展奠定了堅實的基礎。這就是「大芬模式」。

2.「大芬模式」的特徵

任何一種事物,一個新的模式都會有自己的特徵,在「大芬模式」的作用下大芬村形成了「畫家＋企業」的文化產業群體;分工合理、競爭有序的生產組織方式適應了文化產業發展的特點,形成了一個獨特的油畫藝術商品製造基地。這是「大芬模式」的基本特徵。

大芬村十大特色	簡介
市場拉動為主，政府推動為輔。	大芬油畫村的形成和發展，市場的需求是內因，起決定性的作用，政府的推動是為這一產業更快更好地發展創造條件，起的是外在的助推作用。
以批發為主，零售為輔。	大芬村是以油畫複製品藝術生產起家，原創油畫在大芬占 2 至 3 成，批量生產的商業油畫占 7 到 8 成。
從臨摹複製起步，逐步加大原創力度。	大芬油畫村的成交方式主要有兩種，一是承接油畫、畫框生產訂單，批發交易；此占到了 80%，二是油畫、畫框的日常零售。
以出口為主，內銷為輔。	大芬油畫村 80% 的油畫產品出口，大芬油畫的市場遍及全球。
以油畫為主，國畫書法及其他工藝品為輔。	在總體的 776 家門店中，從事油畫經營的有 583 家，從事國畫、書法創作和銷售的有 53 家，從事畫框、顏料等相關配套產品經營的有 73 家，從事工藝、雕刻、刺繡、裝飾、噴繪及書畫培訓的共有 67 家。
社會效益與經濟效益並重、齊頭發展。	現在的大芬村是一個功能齊全的小社會，飲食服務、郵政、娛樂、書店等服務行業相繼進駐，並蓬勃地發展起來。
以村內生產為主，以外地收購為輔。	大芬油畫村的油畫生產主要依託大芬本地 30 多家企業，500 多家畫廊、工作室和大芬及其周圍的逾萬名畫師、畫工。除了銷售本地生產的油畫，大芬部分企業也從周邊的廈門、莆田等商業油畫基地購畫銷售。
以畫工為主，畫家為輔。	大芬油畫村的產業隊伍由畫家、畫師和畫工組成，而畫工佔據著絕對的主體地位，畫家只占這個金字塔式梯隊頂端的極小部分。
管理以街道為主，市區為輔。	對於大芬油畫村的管理，龍崗區政府按照屬地管理的原則，由布吉街道辦負責大芬油畫村的具體管理工作。
以深圳為主，外地拓展為輔。	大芬油畫村也深圳為主要平臺。而且還在北京、上海、南寧等地開設了分銷機構。

在分析「大芬模式」的時候我們可以注意到在大芬村的環境中有兩種完全不同的群體，一部分是「畫家」另一部分是「商家」即為資本，資本對利益的追求是永恆的，這也與大芬村的拓荒者的目的是一致的，他們是商人，不是藝術家，所以在商人眼裡藝術並不是藝術而是生財的工具，所以他們要建立一條紐帶，如何將藝術，也就是「油畫」轉化成利益，於是「大芬模式」應運而生，它就是那條紐帶。我們可以看到「大芬模式」的運作流程：市場訂貨──畫家製作──畫商收購──國外銷售，這四個環節是獨立的，畫家只是作畫。只是「大芬模式」的中間環節。而剩下的環節，與藝術無關，這是一種單純的商業運作。這就是「大芬模式」的基本特徵。

除了這個基本特徵外我們還是可以看到「大芬模式」作為商業運作的一些特徵。因為大芬村的成功不在藝術而是在商業的運作，大芬村的本質是「商」而藝術更多的是一種工具。那麼大芬村的成功，或者「大芬模式」的成功必然會伴隨著成功的商業特徵。首先「大芬模式」有完整的產業鏈條，畫家、代理商和經紀人分工明確，職責到位，他們構成了大芬油畫市場的主體，從事油畫創作與生產的龍頭企業和專門負責承接訂單以及市場行銷的經銷代理商，造就了具有一定規模的油畫交易市場。由此在市場經濟的調節下形成產、供、銷一體化的產業鏈條。

在這一點上我們可以看出大模式的一大優點：重視市場！從大芬的運作模式可以看出，大芬村將「訂貨」放在了第一環節，就是說有訂貨就有創作，「訂貨」是什麼？「訂貨」就是市場。是這個產業鏈的主導。沒有市場就沒有利潤。這與資本的利益

相左。所以在「大芬模式」中市場要素資本、勞動力、土地、技術和資訊是市場要素的五個基本方面。這五種因素都佔據一席之地，發揮著積極而重要的作用。資本特別是民營資本是大芬油畫等相關產業運行的「血液系統」；高素質和能夠自由流動的勞動力成為大芬油畫產業不斷創新和發展的主要推動力量；儲備充足和價格低廉的土地資源有利於文化生產力的合理佈局和進一步的產業結構調整；技術和資訊加速著文化產業的知識密集化，是提升文化產業競爭力的重要因素。

「大芬模式」的第二個特徵是：可以帶動相關的產業發展。事實證明任何的產業鏈條都不是獨立存在的，尤其是與商業有關的鏈條，原因很簡單，因為任何商業活動都會牽涉到幾個群體，具體到「大芬模式」中，就會存在「畫家」、經紀公司，和買家，而大芬的產業核心是「油畫」所以在「大芬模式」的影響下同時催生了高度關聯的多元化產業形態。拉動繪畫產業發展的藝術教育直接介入，各類美術培訓班漸成氣候；直接服務於油畫業生產的畫筆、顏料、畫框、畫布、宣紙等繪畫材料店、裝裱店亦興盛起來；由油畫衍生的國畫、版畫、漆畫、雕刻、刺繡等相關產業應運而生；與大芬的知名度和為大芬村提供物質生活關聯的餐飲業、旅遊業日見興旺，與油畫配套的相關產業悄然興起。還有大芬模式也帶動了商業運作的相關產業，比如經紀公司，其實究其原因在於，「大芬模式」是一條紐帶，聯繫著商家和畫家，商家要貿易，畫家要生活，所以必須衍生出其他的行業也會帶動其他行業，現在大芬油畫的生產和銷售規模不斷擴大，與油畫相關的產業鏈、產業圈也蓬勃發展。從大芬油畫每年創造的價值和

實現的銷售額來看，大芬油畫產業目前正呈現出超常規、加速度的發展態勢，朝著「全球化、集約化、跨越化」的方向不斷前進。這就是「大芬模式」的又一個特徵。

3.「大芬模式」的成因

「大芬模式」是什麼？是一條紐帶連接商業和畫家，用一句真理來概括它的成因就是：因為需要紐帶，所以形成了「大芬模式」。具體的說在利益的問題上不管是資本、畫家還是政府，他們的目標是一致的，因為利益是永恆的，精神是建立在物質只上的。所以能形成「大芬模式」是幾方面綜合的結果。首先從資本這一方面。他們對大芬村做了準確而高端的定位。通過「大芬模式」，我們可以發現它始終都是私人經營，尤其是由香港有經驗的文化商人來率先馳騁，實現以市場為主導進行資源配置的文化產業組織方式。三是瞄準國際市場做大做強。「大芬模式」高起點規劃的另一個表現是大芬畫商們的「國際眼光」和「全球意識」，一開始就實施了「走出去」戰略。大芬畫商們眼光瞄準國際市場，油畫基本上全部經香港銷往歐美，並形成了良性迴圈發展的產業鏈和產業圈。歸根結底的說商人追求利益。

從畫家的角度說，畫家追究的是生活品質。大芬油畫村成功的基本經驗和基本標誌：一是適應了小康社會建設進程中人民群眾的文化需求。隨著人們生活水準的日益提高，其消費結構從吃、穿、住方面為主，逐步向文化消費轉移，求樂、求新、求美成為人們普遍的消費心理。隨著房地產業的興旺發達，大家擁有更多、更寬敞、更高檔的居室，對家居裝飾和對高雅藝術品的愛

好、收藏興趣日濃，市場需求量越來越大，作為休閒文化產業的大芬油畫市場，適應了小康進程中群眾的文化需求和消費趨向。畫家的生活得到了改善。這是因為商業為他們也帶來了利潤，為他們帶來了實惠。所以「畫家」也需要「大芬模式」他們在潛移默化的推進大芬模式。他們也是「大芬模式」的成因之一。

從政府方面說，政府需要「油畫」為區域經濟做出貢獻，那麼油畫就需要銷路，政府會有一系列的措施。促進產業的發展這也為大芬模式的形成提供了便利。所以政府的幫助也是重要原因之一。

總的來說「大芬模式」是現今市場化理念的必然產物，是幾方共同作用的結果。

四、「大芬村」的困境

大芬村在「大芬模式的」指引下取得了不俗的戰績但是近年來的一些資料卻令人費解。

年份	產值
2003	0.8 億
2004	1.4 億
2005	2.9 億
2006	5 億
2008	廣交會顆粒無收

從 2006 年的年產值 5 億到 2008 年廣交會顆粒無收這是多麼大的反差。雖然截止 2008 年 5 月，大芬油畫村共有以油畫為主的各類經營門店近 800 家，居住在大芬村內的畫家、畫工 5000 多人。但是有些店面十天賣不出一幅畫。2008 年下半年訂單少了 70%。賣畫也多以成本價賣出，是什麼原因導致了這一現象？

因為大芬村是靠油畫出口起家，但僅僅靠臨摹畫搞出口抗風險的能力太弱，目前這個國內唯一的油畫產業基地正深受全球金融風暴衝擊。2006 年以來，歐美市場銷售的油畫相當大的比例都是近幾年流行的新設計，而不再是過去簡單的名家複製品，利潤也更高。那種流水化作業、全無偏差的仿製品，在文化創意產業如火如荼發展和人們對美的追求越來越強烈的趨勢下，已經完全不能適應市場的需要。

但是追求更深層次的原因，筆者認為是「大芬模式」自身的原因。大芬村是通過專業化的分工，流水線式的生產，造就了一個油畫產業的品牌，創造了一個村莊經濟發展的奇蹟。「大芬模式」獨樹一幟，然而這奇蹟背後，大芬也有著不能承受之重，為大芬帶來滾滾名利的行畫，既為油畫藝術帶來了原創問題的尷尬，也為村莊經濟帶來產業升級的困惑。儘管大芬村被戴上了諸多光環，但是，通過和其他畫家村的對比，大芬村的薄弱環節仍然顯露無疑。

在「大芬模式」的第一環節是「外商訂貨」，也就是說「訂貨」是產業的開端，沒有訂貨就沒有繼續下去的意義。這就是「大芬模式」本身的局限。因為「大芬模式」的創始人是個商人不是藝術家，商人追求利益，藝術家的靈魂是「創新」，也就

說如果沒有創新也就沒有藝術。而大芬村恰恰缺少創新，原創性較差。在市場和藝術之間如何取捨一直是國內的畫家村面臨的一大難題。宋莊畫家村的現代藝術遠近聞名，但是很多畫家卻不得不為了生存而向市場妥協。大芬村的油畫行銷世界各地，但是國內一流美術院校的師生甚至都不願意承認它是個畫家村，認為畫作在大芬村展出是一種恥辱。因為在很多人看來那裡就是一個工廠，是一個產業加工廠，雖然大芬村在原創方面已經有所覺悟，但作為經營主體的畫商並未在原創方面有所側重；已經吸引來的原創畫家除個別外，大多檔次不高，無法擔承起建立大芬油畫獨特藝術個性的重任；大芬美術館收藏的原創畫以大芬畫師創作的為主，沒有建立起成熟的藝術探討和展覽機制，原創藝術交流、互動的平臺仍然顯得薄弱。或者還不客氣的說大芬村就是個工廠。在現在的大芬村裡很少有藝術存在，因為「大芬模式」是將藝術和市場相連而藝術敗給了市場。

沒有藝術也就沒有了市場，而沒有市場「大芬模式」只是一紙空談。這就是「大芬模式」的癥結所在。

此外，大芬村的產業發展仍然處於雛形。作為深圳的一個文化品牌，大芬的品牌效應仍然相當有限。它並未像世界之窗、歡樂谷等品牌一樣成為外地遊客到深的必遊之處，大芬油畫並未成為其到深圳必購的紀念品，也並未帶動其所在的龍崗區豐富的山海、人文等資源發揮應有的旅遊效應。

深究起來，大芬村的這種名聲大效應小的狀態主要是兩方面原因造成的：一是雖然已經形成了高度關聯的上下游產業形態，但這些產業目前都不是很強大，處於起步狀態。最為尷尬的是，

大芬村的龍頭企業本身的規模也不大，從核心產業到周邊產業都還很稚嫩。二是配套設施仍然相當不完善。除了油畫街、美術館、幾大油畫交易廣場外，沒有高檔酒店、博物館、劇院、拍賣市場，除了油畫等美術作品外沒有其他購物選擇，大芬村的道路仍然是過境道路功能，也沒有實現與深圳的旅遊、人文資源的有效整合。

此外還有一個原因就是勞動力成本的上升，大芬村的油畫複製工作需要一定量的勞動力，勞動力成本的上升也加大了大芬村油畫的成本。深圳（特區外）的最低工資標準 2006 年上漲到 700 元／月，2007 年上漲到 750 元／月，2008 年 7 月上調到 900 元／月，而且這一趨勢仍在上漲，畫工的工資也隨之提升。這就使得大芬村的競爭優勢在逐步減少，所以勞動力成本上升也是大芬村將面臨的困境。

最後一點就是大芬村如何把握市場和藝術，2008 年在廣交會上顆粒無收在市場冷清期，大芬村原來存在的產業市場不到位、管理不到位、規劃不到位問題逐漸放大。這座聞名中外的油畫村，迫切需要探索出一條新的產業升級之路。而且生意不好的時候，原來並沒有重視的管理問題突然放大。「產業市場不到位、管理不到位、規劃不到位」，這三方面是大芬目前存在的最大問題。這使得大芬村的現狀比較混亂。

究其原因，大芬村經過前些年的高速發展，現在有很多需要解決的問題，包括規劃、配套完善，管理、銷售模式改進。這裡沒有一個集中展示原創畫的平臺，原創畫都夾雜在行畫中間，政府應該好好規劃下大芬村未來 5 至 10 年的發展，以現在的大

芬村為核心，加強對周邊舊廠房等的改造。大芬村未來的發展，最需要一個原創畫平臺和油畫交易平臺。另外政府的扶持還應加強，現在廣東省正在推行「走出去」戰略，應該也推廣到油畫業，大芬村去參加國外的大型展會，也應該得到相關的政府補助。還有最為重要的一點是，大芬村最缺人才和銷售管道。大芬能畫畫的人多，懂經營的人很少。這也禁錮了大芬村的發展，使大芬村陷入了困境。

五、大芬村的未來

大芬村的未來是以兩個詞來決定，一個是「原創」，一個是「改變」。因為原創是藝術的精髓，沒有原創就沒有藝術，大芬村必須有自己的原創。對比發現，創作型畫家村的鮮明特點是「創作、展覽、理論研討和文化活動已經相當成熟」，但藝術品走向市場的機會是偶然的、不均衡的，有些畫家的畫作可以賣到幾十萬甚至上百萬，名揚海內外，但有大量的畫家作品少人問津，甚至連基本的生活都難以維持，以至於最終向市場低頭。因為物以稀為貴。大芬村可以借鑒創作型畫家村的經驗，與之對比發現不足。創作型畫家村，典型代表是北京的宋莊、798藝術區和上苑畫家村，以及上海畫家村等，該類畫家村以創作原創畫為主，創作主體是已經有一定成就的書畫名家、美術院校的教授，或者是經過正規、系統的專業訓練的美院畢業學生，在這裡發揮個人的藝術才華、探索獨特的藝術道路，追求較高的藝術境界，在一定程度上比將畫作轉化為物質財富更為重要。

第二、改進「大芬模式」力求將「大芬模式」改成「畫家創作」——「市場推廣」——「市場訂貨」——「批量銷售」。也就是說將「畫家創作」作為產業的先導和前提。這樣的好處是能夠發展藝術，是大芬村擺脫工廠的命運，第二是利用大芬村的商業優勢，因為大芬村具有相對完整的商業體系和產業鏈條是個不爭的事實。大芬村要發展就離不開這跟鏈條。因為對於商人和資本，利益是永恆的。

第三、大芬村應該引進管理人才讓經營者，繪畫者，術有專攻。以先進的管理經驗帶動產業的發展。打開行銷管道，開拓市場，制定靈活的人性化的管理制度。也需要引入風險投資資金等等。這樣有利於銷售管道的建設，使原創畫家也有管道把畫變成錢。此舉有利於原創在大芬村的發展，是大芬村管理者應該考慮到的。

結論

大芬村開藝術產業的先河，以產業化複製油畫享譽國內外，其產生的巨大效益，被認為是文化產業的奇蹟。獨創的「大芬模式」向人們傳達了藝術也能賺錢的理念，大芬村具有自己完整的產業鏈條，這在我國的產業園區中也是首屈一指，有特殊意義的園區。但是從某種意義上說，大芬村也將藝術變成了產業，使其缺少了創造性。而「大芬模式」也以其自身的缺陷扮演著功過參半的「蕭何」的角色。大芬村在日後的發展中參照紐約「SOHO區」發展「藝術商業」的成功經驗。這樣大芬村終會成為一顆璀璨的明星。

香港賽馬會創意藝術中心

提到創意和藝術很多人都會想到北京的「798藝術工廠」或者「上海 M50」而現在又會有一個地方引起你的注意，那就是香港賽馬會創意藝術中心。在「寸土寸金」的香港。很多人都在期待賽馬會創意藝術中心會有怎樣的發展。

一、賽馬會創意藝術中心的簡介

賽馬會創意藝術中心是一個致力推動香港創意藝術發展的嶄新藝術專案，位於香港九龍深水埗白田街石硤尾街 30 號，石硤尾工廠大廈舊址。賽馬會創意藝術中心由香港浸會大學主導，香港藝術發展局和香港藝術中心為策略夥伴，香港賽馬會慈善信託

基金資助，民政事務局作為政府支援機構。藝術中心已於 2008 年 9 月對外開放。論規模賽馬會遠遠比不上「798 藝術工廠」，甚至還比不上上海 M50 的規模，但是這裡一樣凝聚著藝術青年們的激情和夢想。

藝術中心的所在地，石硤尾是香港九龍北部的一個地區，1953 年前是木屋區聚集地，當年發生大火後，為安置災民政府在此興建了全港首個大型公屋村。被改建的這座石硤尾工廠大廈建於 1977 年，當年容納了鐘錶製造、木工、紙紮、五金、塑膠等不同種類的工業，見證了上世紀 70 年代香港輕工業的繁盛。2000 年起，這座工廠大廈開始空置，2005 年底，由浸會大學負責的改造工程正式啟動。其間，獲得香港賽馬會慈善信託基金提供的共 9440 萬港元捐款，用以資助翻新和改裝大廈工程及部分啟動費用。中心的設計盡力保留原工廠大廈的特色，在翻新材料上也儘量保持 70 年代的粗樸風格，同時加入現代建築元素，並賦予全新用途。2008 年 9 月，藝術中心正式揭幕，成為香港首個專門發展創意工業的平臺。

二、香港政府的「活化」理念

創意藝術中心為什麼要命名為「賽馬會」，因為香港賽馬會慈善信託基金提供的共 9440 萬港元捐款，用以資助翻新和改裝大廈工程及部分啟動費用。此外賽馬會創意中心是用香港九龍北部的石硤尾一座老樓改建而成而這兩點卻體現了香港政府的「活化」理念。何為活化理念？活化理念可以理解為「給建築以生

命，賦建築以意義。」而這種讓建築物「活化」的理念，香港政府是十分推崇的。文物保護的理念是必須要賦予歷史建築生命，將之「活化」，讓市民大眾均能使用和得益。

2009 年 12 月 30 日香港政府為表揚諾貝爾物理學獎得主高錕及國學大師饒宗頤的卓越成就，將科學園會議中心與前荔枝角醫院，分別命名為「高錕會議中心」與「饒宗頤文化館」。兩人在各自的領域上，對香港、國際，以至全球人類，作出巨大貢獻，香港人都以他們的成就為榮，而以他們名字為建築物命名，也可讓他們的成就留傳後世。此舉可激發更多香港本土研發的新科技，以及突顯港府保育和活化歷史建築的理念。這就是香港政府「活化」概念的又一次完美的應用。

作為賽馬會創意藝術中心，它可以看造香港創意產業的拓荒者和領導者，用「賽馬會」來命名。可以紀念賽馬會慈善信託基金為香港文化創意產業的發展所做出的貢獻，另外還可以引發市民的興趣，因為賽馬是香港市民非常喜歡的活動之一。最後賽馬會基金對舊式大樓翻新並盡力保留原工廠大廈的特色，在翻新材料上也儘量保持 70 年代的粗樸風格，同時加入現代建築元素，並賦予全新用途的做法賦予大樓新的生命。也是香港活化概念的一種體現。

三、藝術中心的經營之道

香港是亞洲的金融中心，經濟十分發達，在這個「寸土寸金」的國際化大都市里賽馬會創意藝術中心將採用何種經營策略來為自己爭取一席之地呢，讓我們來共同探討。

　　在香港這個國際化大都市里作為商業實體的運營成本要比一般的城市高出許多，但是賽馬會創意中心卻反其道而行，為了幫助這些懷揣著藝術夢想的青年，中心提供了靈活而優厚的租金條件——對於藝術機構租用的單位租金是每月每平方英呎 8 元港幣，普通藝術工作者和藝術團體的租金是 5 元，而正在修讀全日制藝術相關課程的學生或畢業生可以申請資助，只需繳納每平方英呎租金 3 元。創意藝術中心的地下一層是一個實驗劇場——「黑盒劇場」，有 120 個座位，可以出租給香港本地所有那些立志於舞臺表演的團體，價格為每 4 小時 4000 多元港幣，在香港這樣一個商業大都市已經算是相當低廉了，給困難重重的香港表演團體多了一重選擇。

　　為什麼賽馬會創意中心會有這樣的舉動，原因主要就是為創意中心積聚人氣，創意和藝術需要靈感，而靈感需要創造氛圍而集聚效應就會營造出這種氣氛。創意中心由於其低廉的成本所引發的積聚效應可以說是空前的。在中心正式運營之前中心共收到了 500 多個申請，這大大超出了中心的預期，經過藝術發展局的篩選，有 120 多個藝術家駐紮在這裡，他們涵蓋了不同範疇的藝術工作，有中國傳統字畫、琉璃工藝、木偶製作和攝影雕刻等等。

　　更重要的是目前香港藝術家對租金低廉的創作天地需求甚大，現在的創意中心 120 戶的商位已經滿員，但是正在輪候租用中心單位的團體或個人卻高達 300 個；他們極可能要待一年後大部分單位約滿才有機會。這體現出兩個方面：首先就是藝術家對低成本創作地的需求，因為藝術家的生活大多不是十分的寬裕，商業和藝術的融合始終是一個難以攻克的問題。所以賽馬會的商

位才會出現供不應求的局面。第二就是從賽馬會的角度來說他們抓住了商機，也看到了藝術家的需要，以低廉的價格是的藝術家聚集於此，產生了積聚效應為藝術中心聚集了人氣，為以後的發展打下了堅實的基礎。它的模式就像一個超大規模蜂巢型的藝術創意集裝箱，每一個空格裡都有一隻辛勤的小蜜蜂在為藝術這只蜂王，貢獻可愛與甜蜜。

此外「賽馬會創意藝術中心」擁有一個很獨特的經營方式，便是香港政府把創意中心的管理權委託給了香港社會大學，為期 7 年，在此期間創意中心的經營由香港社會大學全權負責。這種委託給大學的經營方式對於創意中心是非常適合的。首先創意需要人才，以大學為依託可以為創意中心提供大量的人才。此外學校可以為創意中心提供學術的支援，這也有利於創意中心的發展。最後創意中心可以借助香港社會大學的影響提高自己的知名度，同時可以為其提供展示的平臺，是個一舉兩得的做法，同時也彰顯了香港政府對創意中心的重視程度。

四、藝術中心的經營理念

中心採取與租客共同合作營運的理念，讓與藝術相關的租客融入社區之內，短期產生社區藝術效應，長期則希望產生社區以外的區域藝術效應。若要培養長遠藝術效應，藝術不可與生活分離，兩者必須融為一體，因為生活是藝術的養份。所以中心決意採取開放營運模式，向社區吸取藝術養份，每天朝十晚十經營：週一至週五是藝術家自家工作時間，而週六、周日則是藝術家對

外接觸社群的時間，達致平臺與區域之間產生的超藝術互動效應目標。

而且中心也是以自負盈虧模式運作並對外開放。現在的商戶80%是做視覺藝術的，20%是做表演藝術的。目前已有部分空間開放。我們還預留了藝術家可以玩的空間，保留了公用地方，綠色空間。賽馬會創意藝術中心的改造設計借用了古根漢姆博物館的內環型結構方式，如果是一個普通市民或遊客進來，可以先坐電梯到8層頂樓，然後往下走，一般人進來都可以玩上半天。遊客所帶來的利潤也是創意中心的收入板塊。

五、創意中心的活動成果

2008年作為香港設計營商周的一部分，在中心底層中庭舉辦的大型展覽「Tangible Traces 著跡」是荷蘭建築中心的巡迴展覽，包括工業設計師 Hella Jongerius、時裝設計師 Alexandervan Slobbe、紡織品設計師 Claudy Jongstra、空間設計師 Frank Havermans 和 Onix 建築師事務所的各種作品。賽馬會創意藝術中心2010年1月16至3月14日期間舉辦一系列「「目及」住石硤尾」活動，屆時將會有不同類型的活動讓公眾參與，包括工作室開放日、乙城節 2010 展覽「粵港聯展」，以及創意地攤「石硤尾山寨市集」。除此之外，駐中心藝術家亦會在工作室內舉辦不同活動。

六、創意中心帶來的啟示

賽馬會創意中心能給我國其他的創意產業園帶來什麼啟示呢，主要有兩點，第一就是滿足藝術家的需要，為他們營造良好的藝術氛圍。賽馬會麻雀雖小，五臟俱全，在那兒看到的每個小工作坊空間都很擁擠卻不零亂，並且時時可見驚喜。影響社區藝術氛圍，這也是創意藝術中心建立的初衷之一。為藝術家提供良好的生活環境和創作環境是創意產業園想在藝術上取得成功的基礎。

第二，就是創意中心的「積聚效應」。人們應該瞭解一個建築有多高取決於它的地基有的深，底座有多大，「集聚效應」就是一個建設底部的作用。底部的建設是為了將來的發展，這是為以後的發展打下的基礎，這是一種長遠的投資。而我國的其他產業園應該學習的。

參考資料（一）

美洲地區

百老匯

方世忠主編，《新視界》，上海文化出版社，2005 年 11 月

炊煙，〈百老匯音樂劇為何暢銷？〉，《成都日報》，2008 年 4 月
　　7 日

〈美國戲劇藝術的活動中心：百老匯〉，《鳳凰文化》，2008 年 7
　　月 29 日，http://culture.ifeng.com

焦波，〈金融危機下的百老匯：如何做到票房不敗〉，《中國文化
　　報》，2009 年 6 月 10 日

迪士尼樂園

郝明星，〈狄斯奈樂園經營管理模式淺析〉，《大眾科學》，2007 年
　　第 4 期

謝婉若，〈迪士尼傳媒集團產業鏈經營模式分析〉，《時代教育》，
　　2006 年 12 期

〈迪士尼價值鏈分析〉，新華網，2005 年 5 月 17 日

董觀志、李立志,《盈利與成長——迪士尼的關鍵策略》,清華大學出版社,2006 年 12 月

廖華力,〈大眾傳播視角下迪士尼對青少年認知的影響〉,今傳媒,2010 年 7 月 21 日

〈從「米老鼠」的成長看迪士尼的文化產品行銷〉,《中國文化產業發展報告》,2005 年

好萊塢

劉愛成,〈媒體經營分析　好萊塢的電影公司是如何運作的〉,《人民日報》,2003 年 3 月 12 日

Porco Rosso,〈動盪艱難時世折射好萊塢產業新變數〉,《綜藝報》,2009 年 10 月 28 日

錢紫華　閆小培,〈好萊塢電影產業集聚體的演進〉,《世界地理研究》,2009 年第 1 期

〈亞洲最大環球影城主題公園將落戶韓國〉,中廣網,2010 年 1 月 19 日

陳漁,〈好萊塢電影產業運作模式〉,《群眾》,2010 年第 6 期

甘迺迪藝術中心

〈美國國家劇院——甘迺迪藝術中心〉,浙江文化資訊網,old.zjcnt.com

〈點藝成金的甘迺迪藝術中心總裁〉,《環球人物》,2008 年第 1 期

段亞兵，〈走訪甘迺迪藝術中心，看美國的文化管理〉，《深圳特區報》，2008 年 4 月 29 日

古根漢博物館

鍾麗，〈紐約古根漢館長 全球性博物館是大勢所趨〉，《香港大公報》，2004 年 11 月 22 日

王芝芝，〈古根漢博物館與古根漢家族〉，《文化研究月刊》第 33 期

古根漢基金會（包括各分館）：http://www.guggenheim.org/

紐約 SOHO 區

潘小燕，〈SOHO 故事：開始是藝術，結局是商業〉，《新聞週刊》，2004 年第 13 期

謝芳，《美國人如何保護蘇荷歷史街區》，北京社會科學院管理研究所

劉航，《SOHO 的發展及其內涵演變》，浙江大學，2006 年

《紐約市蘇荷區的舊城改造》，中華碩博網，http://zx.china-b.com

紐約大都會博物館

羅琳，〈大都會博物館的前世今生〉，《僑報週刊》，2008 年 8 月 27 日

陳屹，〈專訪美國紐約大都會博物館館長〉，《北京青年週刊》，2007 年 11 月 7 日

〈大都會藝術博物館〉，維基百科，http://zh.wikipedia.org

紐約現代美術館

陳雅玲，〈紐約現代美術館的「新」省思〉，《典藏》，2005 年 2 月 17 日

周文翰，〈紐約現代美術館走向「當代」〉，《新京報》，2007 年 4 月 13 日

加拿大動畫產業園區

王勇　王英，《加拿大動畫產業園區：創意成就支柱產業》，國際文化發展報告

〈加拿大動畫產業園區發展中的政策因素分析〉，文化創意網，http://www.ssfcn.com

歐洲地區

法國羅浮宮

〈引商入室盧浮宮〉，業務員網，http://www.yewuyuan.com

〈出租出借：盧浮宮公司生財有道〉，《北京晚報》，2009 年 11 月 24 日

曾焱，〈盧浮宮的虛擬和現實〉，《三聯生活週刊》，2009 年 1 月 08 日

西班牙畢爾包文化之都

蔡昭儀，《全球古根漢效應》，典藏出版社，2005 年 4 月 1 日

林孟儀，〈西班牙工業小鎮畢爾包如何成為國際知名的文化之都？〉，臺灣《遠見》，2006 年 12 月 19 日

〈畢爾包，從失業之城變為富裕之城〉，鳳凰衛視，2009 年 4 月 8 日

西班牙加利西亞──全新動畫基地

李雪，〈西班牙產業基地成為歐洲動畫製作中心〉，《北京商報》，2008 年 5 月 27 日

倫敦西區戲劇中心

王書羽文化部外聯局，《倫敦西區：英國表演藝術產業的代名詞》，北京國際城市發展研究院，2009 年 4 月 26 日

呂甯、孫行之，〈倫敦西區：冬天席捲而來〉，《第一財經日報》，2009 年 4 月 3 日

馬桂花，〈倫敦西區舞臺進入「黃金時代」〉，新華社，2008 年 1 月 20 日

吳丹，〈百老匯和倫敦西區的文化產業啟示錄〉，《第一財經日報》，2009 年 10 月 20 日

亞太地區

泰國創意設計中心

〈泰國創意產業　藝軍突起〉,《國際商情雙週刊》第 298 期,外
　貿協會曼谷台灣貿易中心

〈TCDC 讓泰國設計與國際接軌〉,時尚網,http://www.trends.
　com.cn

馬來西亞多媒體超級走廊

〈馬來西亞多媒體超級走廊的發展現狀及借鑑意義〉,北京文化
　創意網,http://www.bjci.gov.cn

〈「多媒體超級走廊」成為馬來西亞經濟發展的動力〉,《中國科
　技資訊》第 18 期,1997 年

趙勝玉,〈馬來西亞保持 6% 增速才能在 2020 年達到發達國家水
　準〉,中國新聞網,2009 年 11 月 9 日

澳洲 QUT 創意產業園

〈創意產業園區　澳大利亞的昆士蘭科技大學〉,中國文化創意
　產業網,http://www.ccitimes.com/

印度寶萊塢

〈寶萊塢危機之縱橫四海:電影業成「新式武器」〉,《資訊時
　報》,2003 年 10 月 19 日

尹達，〈好萊塢，跟著寶萊塢跳舞？〉，《第一財經日報》，2008 年
　　10 月 11 日

鄭興、楊子岩，〈寶萊塢：世界影壇的印度傳奇〉，《人民日報》
　　海外版，2009 年 5 月 30 日

東京秋葉原動漫街

〈秋葉原為何會被定義為禦宅族之街？〉，日本風向，http://www.
　　jpvane.com

吉卜力美術館

香蘭，〈動畫片世界吉卜力美術館〉，電影，2004 年第 4 期

〈吉卜力美術館迷失在宮崎駿的夢幻裡〉，《新僑報》，2009 年 6
　　月 11 日

韓國 Heyri 藝術村

〈韓國當代藝術的生態與現況〉，網易 www.163.com，2007 年 4
　　月 24 日

〈韓國文化創意產業園區現狀與展望〉，新浪財經，2010 年 1 月
　　12 日，www.sina.com

韓國設計振興院

〈韓國設計振興院扮演何種角色？〉，《羊城晚報》，2008 年 8 月
　　15 日

譚端，〈韓國設計憑什麼崛起〉，《互聯網週刊》，2006 年 7 月 5 日

鐘華生，〈看韓國如何「設計興國」〉，《深圳商報》，2008 年 8 月
　　28 日

中國地區

北京 798

劉芳，〈北京 798 藝術園區改造之爭〉，東方瞭望週刊，2008 年 7
　　月 25 日

〈798 明天的路在何方？〉，中國網，2008 年 11 月 7 日，http://
　　www.china.com.cn

〈798 藝術區調研報告〉，雅昌藝術網，2007 年 4 月 2 日，www.
　　artron.ne

李雪梅，〈北京 798：從軍工廠到藝術區〉，《中國國家地理》，
　　2006 年第 6 期

大芬油畫村

蘇向東，〈大芬油畫村：路在何方？〉，中國網，2010 年 6 月 24 日

〈大芬油畫村：藝術與市場在這裡對接　才華與財富在這裡轉
　　換〉，《羊城晚報》，2007 年 5 月 15 日

佘穎 楊陽騰，〈深圳大芬村：找準市場定位　繪出發展宏圖〉，
　　《經濟日報》，2009 年 12 月 13 日

〈樹大芬油畫村品牌走產業化發展之路〉，2009 年 5 月 18 日，深
　　圳市龍崗區大芬油畫村管理辦公室

香港賽馬會創意藝術中心

〈從香港賽馬會創意中心看香港創意之路〉，《21 世紀經濟報
導》，2009 年 4 月 4 日

〈香港也有「798」：「賽馬會創意藝術中心」〉，《新民週刊》，
2009 年 1 月 13 日

〈利用活化工廈　扶持創意產業〉，《香港文匯報》，2010 年 3 月
13 日

參考資料（二）

《文化產業園區產業鏈管理研究》，李天昀，中央財經大學，
　　2010

《美國百老匯運作模式及其啟示》，黃河清，中南大學，2011

〈從「大芬模式」看文化產業的發展〉，鐘永勝等，《特區實踐與
　　理論》，2008

《深圳動漫產業基地企業集群的資源優勢研究》，陳慶樺，中山
　　大學，2009

《文化產業的創業機會》，譚豔，復旦大學，2006

《文化創意產業集群──演化機理及實證研究》，范桂玉，首都
　　經濟貿易大學

《上海文化創意產業園區的發展探討》，錢敏傑，華東師範大
　　學，2009

《中國電影行銷策略研究》，呂東曉，河南大學，2009

《城市劇場地理學研究──以北京市為例》，張然，北京大學，
　　2006

〈傳媒無形資本運營探折〉，謝耘耕等，《新聞界》，2005

《知識經濟下設計管理框架及其應用研究》，王鵬，河北工業大
　　學，2008

《數位娛樂產業中的符號生產與消費》，關萍萍，浙江大學傳媒與國際文化學院，2007

《城市文化產業區位因素及地域組織研究》，王偉年，東北師範大學，2007

〈淺析好萊塢電影的成功因素〉，馬妮等，《電影評介》，2009

《基於「城市觸媒理論」的城市歷史街區保護與更新模式探析》，劉雪菲，山東建築大學，2011

《基於價值鏈的創意企業贏利模式研究》，關祥勇，西北大學，2008

〈中國動漫產業發展的現狀與發展模式研究〉，聶盟，2009年促進中部崛起專家論壇暨第五屆湖北科技論壇，2009

《上海都市文化演出活動發展研究》，張婷華，東師範大學，2007

《中國文化產業走出去戰略分析》，茹靜，對外經濟貿易大學，2007

〈淺談「迪士尼」文化〉，景曦等，《商場現代化》，2008

〈如何管理下屬〉，余世維等，《中國人才》，2010

《老工業空間更新演化機制研究——以無錫大運河沿岸老工業為例》，葛天陽，東南大學，2010

〈畢堡效應——一個建築帶動一個城市的復興〉，竇強等，《建築創作》，2003

〈我國科普文化產業發展戰略（思路和模式）框架研究〉，勞漢生等，《科技導報》，2004

〈古根海姆博物館運營模式初探〉，胡柳等，《商場現代化》，2009

《世界500強企業持續發展動力機制研究》，張君德，東南大學，2005

《蘄春中國中醫中藥基地建築規劃設計研究》，吳寒，武漢理工大學，2010

《新世紀以來馬來西亞經濟結構調整與發展研究》，戶懷樹，中南民族大學，2009

《深圳文化旅遊產業研究——大芬村與華僑城》，牛豔華，第十屆中國科協年會——文化強省戰略與科技支撐論壇，2008

〈798的前世今生〉，王琪等，《大視野》，2010

《北京市通州區宋莊鎮小堡畫家村落更新研究》，蔣依凡，北京工業大學，2007

《大幕後面的美國戲劇（上）》，王曉鷹等，《中國戲劇》，2002

《上海世博會場館後續利用研究——基於旅遊產品開發的視角》，王麗思，江西財經大學，2009

《上海創意產業集聚空間組織研究》，褚勁風，華東師範大學，2008

《基於中國歷史文脈的城市創意產業園改造之探索》，何海榮，華東理工大學，2010

〈藝術寶庫盧浮宮〉，趙萱等，《科學大觀園》，2009

〈金融危機百老匯劇院如何過冬〉，戴擁軍等，《中國戲劇》，2009

〈廣西文化產業品牌打造策略研究〉，楊武等，《廣西社會科學》，2010

《從中國新興財經報紙看媒體經營模式創新》，王昆鵬，中國海洋大學，2010

《Loft 建築現象研究》，于小飛，北京服裝學院，2009

〈體驗經濟下企業的經營與管理──以東京狄斯奈樂園為例〉，趙偉 等，《時代經貿》，2010

《我國創意產業的產業集群問題研究》，蔣雯，福建師範大學，2008

〈文化建築：城市復興的引擎〉，王麗君，《華中建築》，2007

《城市記憶活力復興的設計方法研究》，范賽玲，南京林業大學，2009

《創意型產業園區規劃設計要素探討》，劉天河，華南理工大學，2008

《論昆曲藝術的保護與管理》，張婷，東南大學，2007

《北京城市快速發展時期老工業區工業用地調整研究》，任睿，北京工業大學，2007

《媒介消費和宏觀經濟的關係研究──基於美國和中國的時間序列分析》，蘇林森，中國人民大學，2009

〈借鑑洛杉磯經驗建立深圳品牌服務業〉，袁曉江等，《特區實踐與理論》，2008

〈798 北京的「異托邦」〉，《中國科技財富》，2009

《日韓現代設計歷史比較研究》，何景浩，江南大學，2008

〈中法工業建築遺產保護與再利用的比較研究初探〉，王穎等，
《國際城市規劃》，2009

〈我國企業奧運行銷的問題分析與對策〉，喬冠男等，《商場現代
化》，2009

《北京市創意產業集聚發展研究》，雷李軍，北京機械工業學
院，2008

《產業集聚理論與應用的研究——創意產業集聚影響因素的研
究》，王潔，同濟大學經濟與管理學院，2007

〈我國科普文化產業發展戰略框架研究〉，勞漢生，《科學研
究》，2005

《數碼創意產業的生態群落形成機理與演替模式研究》，鄔亮，
復旦大學，2007

〈工業遺產的保護和利用任重道遠〉，朱嘉廣等，《北京規劃建
設》，2009

〈紐約現代藝術博物館〉，傅剛等，《世界建築》，2001

〈韓國小強〉，白玉力等，《中國服裝》，2006

《城市灰色用地規劃理論及應用性研究》，許維，蘇州科技學
院，2010

《基於價值角度的工業遺產建築保護與再利用研究》，李鐳，北
京工業大學，2009

《湖北省工業品外觀設計專利發展對策研究》，黃兆芳，武漢理
工大學，2009

《基於旅遊體驗的影視主題公園遊客滿意度研究》，陳燕麗，浙
江大學，2007

〈展望迪士尼在上海旅遊發展對策及發展前景〉，李琳等，《當代旅遊》（學術版），2010

《淺論服務品牌的創建》，馬鋼，復旦大學，2006

《創意產業價值鏈研究》，周政，東南大學，2007

〈歐美戲劇市場運作的三種模式〉，孫惠柱等，《文藝研究》，2001

《平遙旅遊區經營戰略設計》，李東明，內蒙古大學，2007

《論內容產業與國際服務貿易》，李曉玲，北京工業大學，2004

《歐盟國家文化創意產業與區域經濟增長》，李博嬋，中國社會科學院研究生院，2009

《旅遊景區遊客管理研究──以北京歡樂谷的遊客管理模式為例》，李娜，北京第二外國語學院，2008

《中國古典園林數字文化與現代景觀設計應用研究》，李潔，中南林業科技大學，2011

〈從 798 工廠的變遷談工業遺產的保護與再利用〉，李鏞，《山西建築》，2009

《藝術動畫與商業動畫研究》，周森，北京大學，2009

《尋找失落的空間──生活世界視角下的城市公共空間研究》，周穎，中國人民大學，2009

〈古希臘美術的審美情趣〉，李峰等，《世紀橋》，2008

〈《蒙娜麗莎》被盜之謎〉，馬可等，《科學大觀園》，2011

〈淺議初中美術教學中欣賞能力的培養〉，徐樂慶等，《科學諮詢》，2010

《媒介品牌延伸策略研究》，丁玉紅，華南理工大學，2009

〈談當前大力發展文化產業的幾個問題〉，李岫，《中國特色社會主義研究》，2008

《體驗式旅遊購物產品開發研究》，姜財，山東師範大學，2007

〈主題公園建設的體驗消費模型及實施設想〉，李雪松等，《城市問題》，2008

〈從日美動畫產業模式看中國動畫的發展出路〉，于治國等，《工會論壇——山東省工會管理幹部學院學報》，2011

《城市濱水空間復興模式的研究》，湯君，中南大學，2011

《加入 WTO 對中國電影發展的影響》，譚梅，對外經濟貿易大學，2005

《中國影視產業國際競爭力及貿易戰略研究》，劉凌，湖南大學，2005

《WTO 下的中國電影——產業化改革及國際市場拓展研究》，蘇娟，對外經濟貿易大學，2005

《以 Flash 動畫技術推動動漫產業發展之研究》，黃麗，湖南師範大學，2009

《LOFT 創意產業區的經濟——空間關係研究》，姚巍，合肥工業大學，2010

《創意產業中的工業類建築遺存更新設計研究》，楊琳，湖南大學，2007

〈遊蕩在 798〉，王偉強，《中外建築》，2008

〈四川國際濃園藝術區發展經營分析〉，左夢琳等，《文藝生活 · 文藝理論》，2010

《城市工業用地重組中工業遺產的保護與更新——以天津塘沽工業區重組為例》，王月，天津大學，2008

《基於 LOFT 創意園模式的工業遺產旅遊研究》，陳豔，南昌大學，2010

《面向創意產業的建築遺產再利用研究》，熊健，南京大學，2009

〈當前我國藝術產業發展中的主要問題及對策探析〉，徐敦廣等，《東北師大學報》（哲學社會科學版），2005

《大芬油畫村美術產業發展模式研究》，張可，天津大學，2009

《現狀、延展、未來——當下中國藝術產業探微》，黃熙雯，廈門大學，2007

《文化探尋與文化超越——黃哲倫 20 年創作研究（1979-98）》，陳靜，福建師範大學，2008

〈淺談中國線條藝術與外國線條藝術的不同〉，何芹華等，《文藝生活 · 文藝理論》，2011

〈國畫家黃秋園論西洋畫〉，吳紅雲等，《科教文匯》，2010

〈全球價值鏈下服務業集聚區的嵌入與升級——創意產業的案例分析〉，劉奕等，《中國工業經濟》，2009

《吳橋雜技藝術研究》，木之下章子，中國社會科學院研究生院，2008

〈城市名片建設中應科學利用區域文化資源〉，石定樂等，《邊疆經濟與文化》，2010

〈國有企業廢棄工廠改制給人們的啟示—— 798 藝術區的繁榮發展〉，于丹等，《國有資產管理》，2008

〈英國、美國等國外創意產業對我國的啟示〉，張雅麗等，《蘭州
　　學刊》，2010

〈輝煌與遺憾：淺析日本動漫電影的歷史與發展〉，程浩等，《電
　　影文學》，2010

《工業建築遺存的保護與利用 -- 以濟南工業建築遺存保護與利用
　　為例》，邢國濤，山東建築大學，2011

〈整合與重塑──多層次發展城市文化空間的探討〉，方遙等，
　　《中國名城》，2010

〈山谷型灰場深化設計與施工的幾點思考〉，白更言，《山西建
　　築》，2009

〈798，中國的工業遺產樣本〉，曾招朋等，《中國社會導刊》，
　　2008

《丹江口水庫淹沒區鄉土建築研究》，張慧，武漢理工大學，
　　2005

《城市視角下的創意化空間探索──國內創意產業園區空間研
　　究》，方續霞，蘇州科技學院，2009

《生活在別處──當代中國文化產業的懷舊風及懷舊行銷分
　　析》，韓金，山東大學，2010

《杭州市工業遺存景觀更新研究》，陳炎炎，浙江大學，2010

《商業圖說》，中國商貿，2009

《整合行銷傳播理論在電視頻道品牌戰略中的應用》，楊迪，同
　　濟大學，2006

〈體驗經濟下的故事與旅遊品牌的關係〉，宋楊等，《科技和產
　　業》，2011

《產業升級背景下紡織企業品牌授權的案例研究》，吳衛文，蘭
　　州大學，2010

〈帝國的困惑──當今世界傳媒產業發展策略中存在的問題探
　　討〉，劉曉東等，《商品與品質 ‧ 理論研究》，2010

《狄斯奈樂園的員工培訓》，人才資源開發，2006

《跨國傳媒集團與中國傳媒市場》，彭文兵，復旦大學，2003

《經濟全球化背景下的中國媒介市場化與國際化之路》，徐東
　　華，第二屆中國文化產業（國際）論壇，2004

《中國主題公園的發展建設與規劃研究》，曹曉珍，北京林業大
　　學，2006

〈主題公園吸引力評估系統研究〉，劉淑敏 等，桂《林旅遊高等
　　專科學校學報》，2000

《常州中華恐龍園贏利模式研究》，王健，揚州大學，2010

《主題公園的策劃與發展研究》，李真真，南京林業大學，2008

《試論電影主題公園及其在中國的前景》，張淑芳，上海大學，
　　2007

〈淺析迪士尼傳媒集團的運營模式〉，張燕等，《中國電視》，
　　2004

〈國外主題公園經營模式分析及經驗借鑑〉，商一言等，《北京市
　　財貿管理幹部學院學報》，2004

《電視媒介的品牌管理研究》，易雯，中國地質大學（武漢），
　　2010

〈企業培訓與員工的職業發展〉，《經濟管理文摘》，2004

〈「體驗」藍貓──藍貓飲品的異類貓步〉，范慶樺等，《中外管理》，2004

《武漢創意產業環境分析及優化研究》，姚瀠瑾，華中科技大學，2008

《創意企業戰略管理會計研究》，應雄林，廈門大學，2009

〈主題公園建設與區域經濟關係研究──以全球迪士尼主題公園為例〉，張婷婷等，《現代城市研究》，2010

〈高爾夫：還要學會彈好「四八定律」的「鋼琴」〉，鄭菁華等，《今日海南》，2010

〈遊艇：發展「短板」急需補長〉，王明澤等，《今日海南》，2010

〈文化體制改革下劇場管理模式研究──上海市劇場運營和管理情況調研〉，張哲等，《中國黨政幹部論壇》，2010

《意識形態幻象的批判與超越──二戰後美國戲劇研究》，范煜輝，南開大學，2009

〈迪士尼主題公園落戶上海優勢分析〉，柏秀等，《中小企業管理與科技》，2010

《龍城旅遊控股集團有限公司資本運營模式的選擇》，王孝紅，合肥工業大學，2011

〈東京狄斯奈樂園員工培訓案例〉，《經濟管理文摘》，2004

〈世界 500 強企業服務之道　迪士尼──從顧客的角度培養員工〉，《種子世界》，2006

〈淺析中美動漫產業發展現狀〉，葛莉等，《科技資訊》（學術版），2007

《加快我國動漫產業發展的研究》，鄧明華，天津工業大學，
　　2007

〈持續創新能力——文化產業核心競爭力〉，羅幸源，《文化藝術
　　研究》，2008

《面向資訊時代波普建築資訊傳播的研究》，李姝，天津大學，
　　2005

〈原產地品牌資產增值對策研究〉，趙勃升，《改革與戰略》，
　　2011

《論靳尚誼油畫藝術的民族化探索》，陳輝，曲阜師範大學，
　　2010

〈對發展博物館商店的思考〉，陳煒等，《安徽商貿職業技術學院
　　學報》（社會科學版），2005

〈盧浮宮，不光想著掙錢〉，陳源川等，《農村工作通訊》，2004

〈法國近千年歷史變遷的見證——盧浮宮博物館〉，姜繼興等，
　　《城鄉建設》，2010

〈盧浮宮：烙印數世紀的記憶〉，宋一洲等，《大視野》，2010

《自由還是毀滅——從時空維度辨識藝術發展軌跡與方位》，張
　　巧，南京師範大學，2006

〈從符號學的角度看《蒙娜‧麗莎》〉，王化雪等，《大慶師範學
　　院學報》，2006

《分解‧顛倒‧變構‧重建——論解構主義在建築藝術中的
　　應用》，程璐，瀋陽理工大學，2008

《吳淞文化與吳淞口沿江功能開發研究》，方繼紅，上海財經大
　　學，2008

《創意產業園區：空間生產中的文化的結構性力量》，王磊，華東師範大學，2007

《城市歷史文化風貌保護區空間的生產機制研究——以上海市衡山路 - 復興路歷史文化風貌保護區為例》，閔思卿，華東師範大學，2007

《以文化為導向的城市復興策略研究》，李若蘭，中南大學，2009

《現代建築作品中建築表皮的藝術表現》，張春傑，華中科技大學，2006

〈小議建築形態學——從古根海姆藝術博物館概念到方案〉，高茜等，《建築與環境》，2009

《現代藝術與設計關係研究》，席麗莎，天津大學，2008

《論高校動畫教育模式發展的研究》，魏林紅，武漢理工大學，2008

〈北京市與紐約市文化創意產業集聚區比較研究〉，王暉，《2010城市國際化論壇》，2010

《博物館免費開放後改革新探——以江西省內博物館為例》，艾崧，江西師範大學，2010

〈記憶與開放美國的博物館文化〉，陳向平等，《創新科技》，2009

《當代藝術家生存狀態和生長趨勢的研究》，崔金哲，大連工業大學，2008

《當代博物館建築理念解析》，張謹，清華大學，2004

〈全球化語境的文化戰略博弈〉，黃獻國，《解放軍藝術學院學報》，2008

《博物館文化產業發展研究——以湖北省博物館為例》，張藝軍，武漢大學，2005

《博物館產業化問題初探》，李金生，山東大學，2008

《反傾銷預警機制的理論與實踐問題研究》，范蔚蔚，首都經濟貿易大學，2005

《我國經濟轉型期社會主義市場監管研究》，陳世良，華中師範大學，2008

《基於產業結構優化的我國出口退稅政策研究》，石潔，中國海洋大學，2010

《現代易貨貿易的影響因素研究——以旅遊業為例》，鄭小彩，浙江工業大學，2010

〈我國高職教育工學結合的機制缺失及完善〉，蕭秋蓮，《教育與教學研究》，2010

〈全面擁抱當代藝術翻修三年，MOMA新開張〉，蘇雅等，《東方企業家》，2004

〈我國行業協會發展問題的探討〉，李超等，《今日湖北》（下半月），2011

〈淺議「工學結合」保障機制的建立〉，宋歡等，《知識經濟》，2011

社會科學類　PF0082

世界文化創意產業園研究

作　　者 / 徐中孟、李　季
責任編輯 / 孫偉迪
圖文排版 / 郭雅雯、邱瀞誼
封面設計 / 蔡瑋中

發 行 人 / 宋政坤
法律顧問 / 毛國樑　律師
出版發行 / 秀威資訊科技股份有限公司
　　　　　114台北市內湖區瑞光路76巷65號1樓
　　　　　電話：+886-2-2796-3638　傳真：+886-2-2796-1377
　　　　　http://www.showwe.com.tw
劃撥帳號 / 19563868　戶名：秀威資訊科技股份有限公司
　　　　　讀者服務信箱：service@showwe.com.tw
展售門市 / 國家書店（松江門市）
　　　　　104台北市中山區松江路209號1樓
　　　　　電話：+886-2-2518-0207　傳真：+886-2-2518-0778
網路訂購 / 秀威網路書店：http://www.bodbooks.com.tw
　　　　　國家網路書店：http://www.govbooks.com.tw

2012年5月BOD一版
定價：350元
版權所有　翻印必究
本書如有缺頁、破損或裝訂錯誤，請寄回更換

國家圖書館出版品預行編目

世界文化創意產業園研究 / 徐中孟, 李季著. -- 一版. -- 臺北市：
秀威資訊科技, 2012. 05
　　面； 公分. -- (社會科學類 ; PF0082)
　　BOD版
　　ISBN 978-986-221-935-5(平裝)

　1. 文化產業　2. 企業經營　3. 個案研究

541.29　　　　　　　　　　　　　　　　　101003514

讀者回函卡

感謝您購買本書，為提升服務品質，請填妥以下資料，將讀者回函卡直接寄回或傳真本公司，收到您的寶貴意見後，我們會收藏記錄及檢討，謝謝！如您需要了解本公司最新出版書目、購書優惠或企劃活動，歡迎您上網查詢或下載相關資料：http:// www.showwe.com.tw

您購買的書名：＿＿＿＿＿＿＿＿＿＿＿＿＿＿＿＿＿＿＿＿＿＿＿＿

出生日期：＿＿＿＿＿年＿＿＿＿＿月＿＿＿＿日

學歷：□高中 (含) 以下　　□大專　　□研究所 (含) 以上

職業：□製造業　□金融業　□資訊業　□軍警　□傳播業　□自由業
　　　□服務業　□公務員　□教職　　□學生　□家管　　□其它＿＿＿

購書地點：□網路書店　□實體書店　□書展　□郵購　□贈閱　□其他

您從何得知本書的消息？

　　□網路書店　□實體書店　□網路搜尋　□電子報　□書訊　□雜誌

　　□傳播媒體　□親友推薦　□網站推薦　□部落格　□其他＿＿＿＿＿

您對本書的評價：(請填代號　1.非常滿意　2.滿意　3.尚可　4.再改進)

　　封面設計＿＿＿　版面編排＿＿＿　內容＿＿＿　文／譯筆＿＿＿　價格＿＿＿

讀完書後您覺得：

　　□很有收穫　□有收穫　□收穫不多　□沒收穫

對我們的建議：＿＿＿＿＿＿＿＿＿＿＿＿＿＿＿＿＿＿＿＿＿＿＿＿

＿＿＿＿＿＿＿＿＿＿＿＿＿＿＿＿＿＿＿＿＿＿＿＿＿＿＿＿＿＿＿＿

＿＿＿＿＿＿＿＿＿＿＿＿＿＿＿＿＿＿＿＿＿＿＿＿＿＿＿＿＿＿＿＿

＿＿＿＿＿＿＿＿＿＿＿＿＿＿＿＿＿＿＿＿＿＿＿＿＿＿＿＿＿＿＿＿

11466
台北市內湖區瑞光路 76 巷 65 號 1 樓

秀威資訊科技股份有限公司　　　收

BOD 數位出版事業部

．．

（請沿線對折寄回，謝謝！）

姓　　名：＿＿＿＿＿＿＿＿＿　年齡：＿＿＿＿　性別：□女　□男

郵遞區號：□□□□□

地　　址：＿＿＿＿＿＿＿＿＿＿＿＿＿＿＿＿＿＿＿＿＿＿

聯絡電話：(日) ＿＿＿＿＿＿＿＿＿　(夜) ＿＿＿＿＿＿＿＿＿

E-mail：＿＿＿＿＿＿＿＿＿＿＿＿＿＿＿＿＿＿＿＿＿＿＿＿